W0327113

Hermann Reguls

BELIEBTE UND NEUE
KEGELSPIELE

FALKEN
TaschenBuch

Im FALKEN Verlag sind bereits weitere Titel zum Thema „Kegelsport und Kegelspiele“ erschienen.
Bitte fragen Sie in Ihrer Buchhandlung.

Dieses Buch wurde auf chlorfrei gebleichtem und säurefreiem Papier gedruckt.

Originalausgabe
ISBN 3 635 60115 2

Umschlaggestaltung: Zembsch' Werkstatt, München
Titelbild: FALKEN Archiv/P. Pinzer
Zeichnungen: Gerhard Wawra, Wiesbaden
Redaktion dieser Auflage: Susanne Janschitz
Herstellung: Beate Müller-Behrens
Satz: Main-Taunus-Satz GmbH, Eschborn/Ts.
Druck: Neuwieder Verlagsgesellschaft mbH, Neuwied

817 2635 4453 62

Inhalt

Vorbemerkung

Liebe Kegelfreunde!

Dieses Buch ist eine Zusammenstellung unterhaltsamer, spannender und zum Teil auch kniffliger Kegelspiele, die Ihnen helfen sollen, Ihre Kegelabende etwas abwechslungsreicher und interessanter zu gestalten.

Einige Spiele werden Sie vielleicht wiedererkennen, andere dagegen werden für Sie wahrscheinlich neu sein. Alle sollen aber nur einem Zweck dienen: die Freude am schönen Hobby Kegeln zu erhalten und – wenn möglich – weiterhin zu steigern.

Sie finden Spiele für Einzel-, Partner- und Mannschaftswettkämpfe sowie eine größere Anzahl mit mehrfachen Einsatzmöglichkeiten. Kleine Piktogramme bei den Spielen zeigen an, um welche Art Spiel es sich handelt. Zur besseren Übersicht sind Mannschaftsspiele mit 4 Kegelspielern, Partnerspiele mit 2 und Einzelspiele mit 1 Spieler gekennzeichnet. Das Angebot umfaßt Spiele in die Vollen, Abräumspiele, Kegelpartien und Bilderkegeln mit den unterschiedlichsten Schwierigkeitsgraden.

Wir hoffen, mit dieser Auswahl möglichst viele Keglerwünsche getroffen zu haben, und wir wünschen allen Freunden dieser Sportart

Gut Holz!

Ihr Autor
Ihr FALKEN Verlag

Rund ums Kegeln

Alte Kegelhasen werden sich noch erinnern, wie es früher war. Da war die Kegelbahn gleichbleibend etwa 1,5 m breit, die Kegel wurden von *Kegeljungen,* die sich damit ein Taschengeld verdienten, nach jedem Wurf von Hand wieder aufgestellt, und jedes Wurfergebnis mußte einzeln ermittelt und aufgeschrieben werden. Die Kugeln wurden von den Jungen per Hand in einer besonderen Laufbahn zurückgerollt.

Heutzutage hat auch hier der Fortschritt Einzug gehalten. Die modernen Bundeskegelbahnen funktionieren vollautomatisch, das heißt, Wurfergebnisse werden in einem *Schaltbild* über dem Kegelstand angezeigt, Wurfzahlen und Treffer in ihrer Anzahl numerisch in einem *Zählwerk* direkt über den Kegeln angegeben. Die Kugeln kommen maschinell beschleunigt selbständig auf einen Vorratsbock zurück. Eine *Schalttafel* bei den Keglern ermöglicht außerdem, gewünschte Kegelformationen, Wurfzahlen und Kegelspielarten, wie zum Beispiel Kegeln in die Vollen oder Abräumen, vorzuprogrammieren.

Die Kegelbahnen selbst sind aus Holz und am Anfang nur etwa 40 Zentimeter breit. Nach zwei Dritteln der Gesamtlänge beginnen sie sich scherenförmig bis zum Kegelstand zu verbreitern. Ein senkenartiger Ausschliff im Scherenbereich ermöglicht in besonderem Maße beim Wurf auf den Lauf der Kugel Einfluß zu nehmen.

Zu beiden Seiten der Kegellaufbahnen befinden sich tieferliegende Rinnen, die die bei sogenannten *Pumpenwürfen* von der Bahn abgleitenden Kugeln aufnehmen und zum Kugelrücklauftransporter leiten.

Die *Kugeln* bestehen überwiegend aus Kunststoff, haben keine Fingerlöcher (wie beim Bowling) und werden den Keglern in verschiedenen Größen und Gewichten zur freien Wahl angeboten. Man kann sich vorstellen, daß solch vollautomatische Kegelbahnen ihren nicht geringen Preis haben. Daher sollte

»Wenn sie nicht hören, reden, fühlen noch sehen, was tun sie denn?
– Sie spielen.«

Magnus Gottfried Lichtwer (1719-1783)

Aus dem Statut eines ländlichen Turnvereins: »Eine Unterstützung an verunglückte Turner wird nur dann gezahlt, wenn nachgewiesen werden kann, daß das Unglück im Interesse des Vereins passiert ist.«

es für jeden Kegler eine Selbstverständlichkeit sein, die Benutzungsanweisungen zur Schonung der Bahn unbedingt zu befolgen. Insbesondere sei auf das Tragen von Turnschuhen und das äußerst flache Aufsetzen der Kugel beim Wurf hingewiesen.

Trotz aller Automatik bleibt aber das althergebrachte Zubehör wie *Tafel, Kreide* und *Lappen* für die individuelle Spieldurchführung unersetzlich. An der Tafel werden nämlich Namen, Spielzwischenstände, Endergebnisse, Tabellen und Zeichnungen festgehalten, die letztendlich den Überblick über das ganze Spielgeschehen erst ermöglichen.

Kein echter Kegelclub kommt ganz ohne *Spielbuch* aus. Es ist sicherlich von Club zu Club unterschiedlich, was in einem solchen Heft für notierenswert gehalten wird, aber zum Führen einer Anwesenheitsliste, zur finanziellen Abrechnung der Spielabende, zum Notieren von Fehlgeldforderungen und Spielergebnissen sowie zum Vermerken außergewöhnlicher Ereignisse ist das Spielbuch unverzichtbar. Wird über ein Spieljahr mit einem besonderen Kegelspiel ein Clubmeister ausgekegelt, ist für dessen Ermittlung ohnehin eine exakte Buchführung notwendig. Außerdem kann es für eine eventuelle Chronik des Vereins nach einigen Jahren eine wertvolle Hilfe sein, da doch sonst viel Erinnernswertes in Vergessenheit geraten könnte.

Ein *Clubmeisterspiel,* zu Beginn eines jeden Spielabends durchgeführt, eignet sich hervorragend für die *Zusammenstellung der Mannschaften* für den betreffenden Spielabend. Dazu wird die Ergebnisreihenfolge genutzt. Zum Beispiel können alle Spieler mit geraden bzw. ungeraden Platzziffern eine Mannschaft bilden. Andere Auswertungen sind natürlich auch möglich, aber immer wäre damit gewährleistet, daß die sogenannte *Tagesform* der Clubmitglieder in die Mannschaftsaufstellung einbezogen wird.

Die Wahl bei *Partnerspielen* kann auf vielfältige Weise zwischendurch erfolgen. Man zieht zum Beispiel Zettel mit jeweils zwei gleichen Symbolen oder verteilt vorher gemischte Spielkartenpaare.

Ist die Reihenfolge der Teilnehmer bei *Einzelspielen* von Bedeutung, bietet sich das Ziehen von Platznummern aus einem Topf an.

»Vor allem wegen der Seele ist
es nötig, den Körper zu üben,
und gerade das ist es, was
unsere Klugschwätzer nicht einsehen wollen.«

*Jean-Jacques Rousseau
(1712-1778)*

»Sport stärkt Arme, Rumpf und
Beine
kürzt die öde Zeit,
und er schützt uns durch Vereine
vor der Einsamkeit.«

*Joachim Ringelnatz
(1883-1934)*

Die einzigen legalen Vereinigungen mit rein umstürzlerischen Zielen? – Kegelclubs.

Unterschied zwischen Amateuren und Profis: Letztere bekommen Schecks.

Wenn die allgemeinen Spielvorbereitungen getroffen sind, kann es ans Kegeln gehen. Doch *welches Spiel* nimmt man? Die Spiele dieses Buches können dazu Anregungen geben, außerdem hat jeder Club vermutlich ein Reservoir an Kegelspielen, die besonders beliebt sind und deshalb immer wieder vorgeschlagen werden. In dem Fall läßt sich leicht Einigkeit erzielen.

Eine andere, individuelle Methode der *Spielauswahl* besteht darin, daß die Verlierer eines Spieles das Recht für die Auswahl des folgenden Spieles zugesprochen bekommen. So braucht nur das erste Spiel einvernehmlich ausgesucht zu werden. Für Clubs, die ein starres Spielprogramm abspulen und rein sportlich, vielleicht sogar verbissen ihren Wettkampf durchführen, stellt sich die Frage der Spielauswahl erst gar nicht. Sie sind als echte Sportvereine und nicht mehr als Hobbykegelclubs anzusehen.

Ist das Spiel gewählt oder bestimmt, wird die *Tafel* vorbereitet, indem Namen, Tabellen oder vielleicht Skizzen aufgetragen werden. Manche Clubs haben sich sogar aufhängbare Namensschilder anfertigen lassen.

Bei Doppelbahnen kann das Kegeln sofort beginnen, bei Einzelbahnen ist noch der beginnende Kegler oder die beginnende Mannschaft auszulosen.

Wie ein Kegler nun mit seinem *Wurf* oder seinen Würfen das gewünschte Ziel erreicht, ist seiner eigenen Kegelkunst vorbehalten, doch einige Regeln sind dabei zu beachten: Die Kugel soll möglichst geräuschlos und sanft auf die Bahn gesetzt werden. Das schont die Bahn und ermöglicht außerdem ein besseres Zielen.

Quer über die Bahnanfänge ist bei den meisten Kegelanlagen ein Seil mit einem Glöckchen gespannt. Ertönt dieses, weil das Seil berührt wurde, ist der Wurf ungültig. Zur gleichen Wertung führt auch das Auftreten auf die Bahn hinter dem Seil, um dadurch vielleicht einen übermäßigen Anlaufschwung abzufangen. Eine Selbstverständlichkeit für jeden Kegler sollte es sein, den Wurf eines Konkurrenten nicht zu stören.

Ein großes Fest feiert wohl jeder Kegelclub, sollte der seltene Wurf *Acht ums Vordereck* gelingen, ein Wurf, bei dem beim Schub in die Vollen nur das Vorderholz stehenbleibt. Nicht selten werden diese außergewöhnlichen Kegelereignisse mit Namensnennung und einem kleinen gereimten Vers in der Tageszeitung veröffentlicht. Der Handel hält Urkunden bereit, mit denen die Kegelclubs ihre »Glückspilze« zusätzlich ehren können. Man sollte aber nicht traurig sein, wenn einem dieser seltene Wurf noch nicht gelungen ist.

Zu den Spielbeschreibungen

Die Beschreibungen und Anleitungen der Spiele sind so kurz und verständlich wie möglich abgefaßt. Vielfach sind Kegelbilder und Tabellenvorschläge beigefügt, die für die Veranschaulichung und Durchführung der Spiele eine Hilfe sein sollen.

Die in den Spielbeschreibungen verwendeten Bezeichnungen können verständlicherweise nicht alle regional üblichen Varianten berücksichtigen, was aber keine Verständnisschwierigkeiten hervorruft. Deshalb soll hier vorweg die Bezeichnung der einzelnen Kegel aufgeführt werden. Im »Kleinen Kegellexikon« am Ende dieses Buches sind einige wichtige, oft wiederkehrende Begriffe etwas näher erläutert.

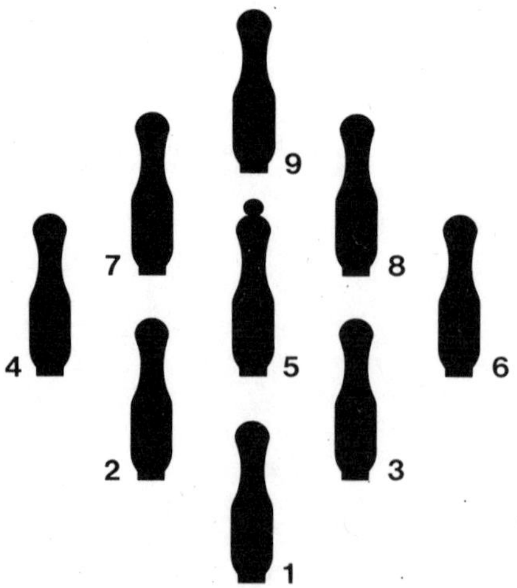

Kegelbezeichnungen

Kegel 1: *Vorderholz*
Kegel 2: *linke Vorderdame*
Kegel 3: *rechte Vorderdame*
Kegel 4: *linker Bauer*
Kegel 5: *König*
Kegel 6: *rechter Bauer*
Kegel 7: *linke Hinterdame*
Kegel 8: *rechte Hinterdame*
Kegel 9: *Hinterholz*

Und nun einige **Erläuterungen zu den Zeichnungen:**

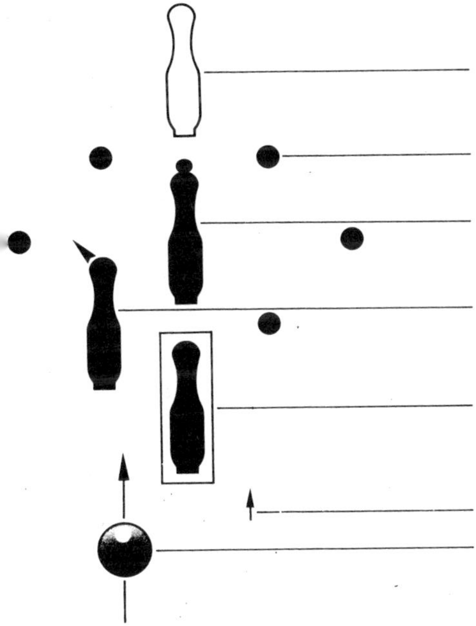

Hohler Kegel: wird aufgestellt, darf aber nicht abgekegelt werden!

Schwarze Kreisfläche: hier wird kein Kegel aufgestellt.

König

Voller Kegel: wird aufgestellt und muß abgeräumt werden. Die *Pfeilspitze* zeigt die gewünschte Kipprichtung des Kegels an.

Kegel im Rahmen: darf unter keinen Umständen abgeräumt werden.

Richtungsverlauf des Wurfes

Kugel

Die Bedeutung der Piktogramme:

Einzelspiel 

Partnerspiel 

Mannschaftsspiel 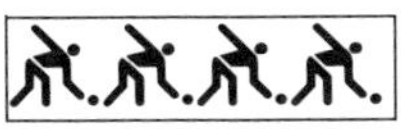

Kegelspiele in die Vollen

Volltreffer

Jeder Spieler startet mit einer Vorgabe von 30 Punkten. Aus jeweils vollen 9 Holz sind der Reihe nach mit einem Wurf die fünf Kegelformationen (Bilder) herauszuwerfen.
Pro zusätzlich gefallenem Holz wird ihm 1 Punkt von seinem Konto abgebucht. Wer am Schluß die meisten Punkte retten konnte, ist Sieger.

1.

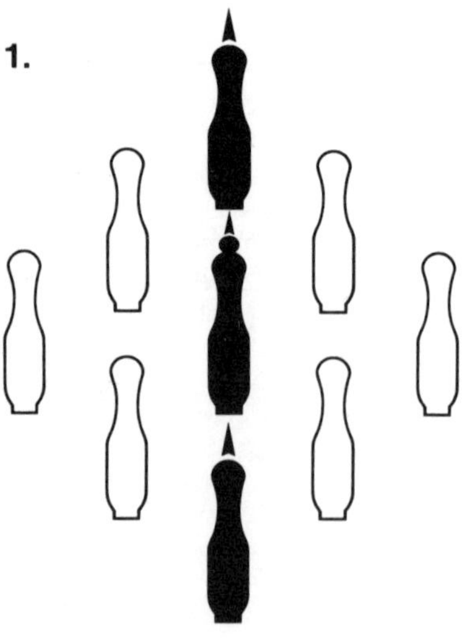

2.

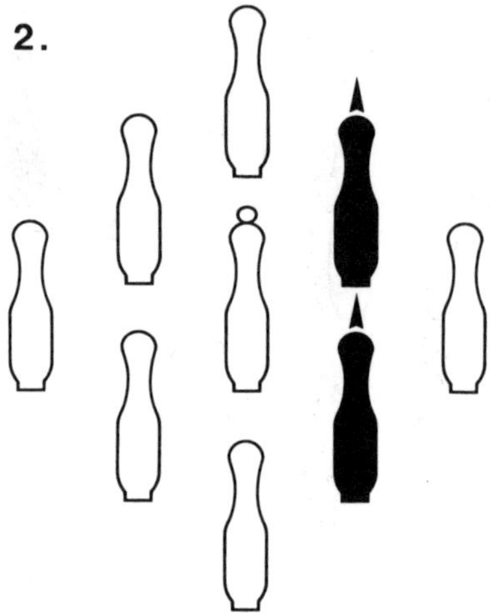

3.

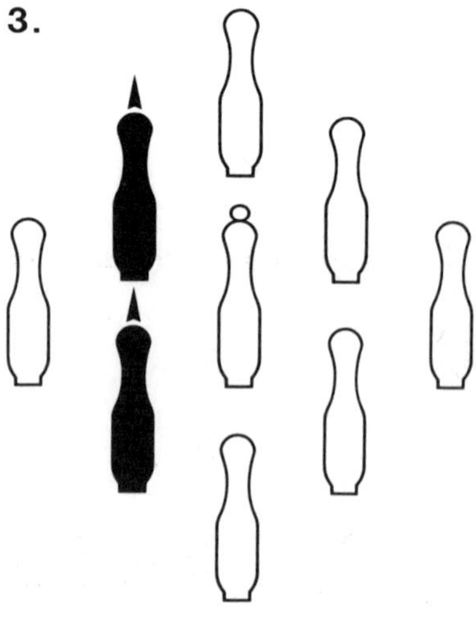

4.

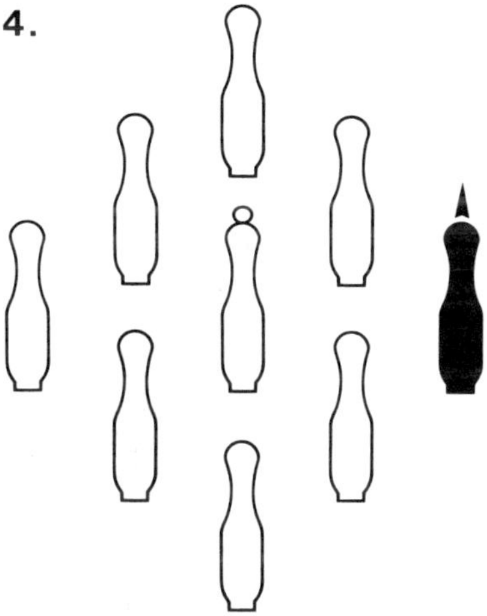

5.

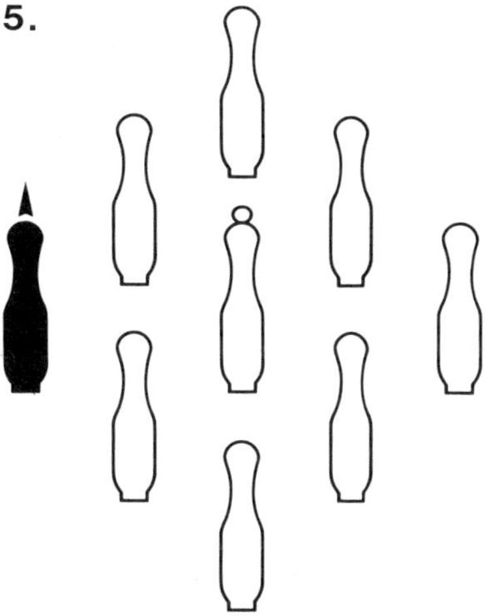

Lotto

Wer möchte nicht einmal das Glück haben und Lottokönig werden! In diesem Spiel ist es greifbar nahe, wenn auch einiges Können zusätzlich dazu erforderlich ist. Zunächst darf jeder Teilnehmer seine 6 persönlichen Zahlen zwischen 1 und 49 auswählen, die in einer Tabelle notiert werden. Zur Auflage wird lediglich gemacht, daß in jedem Zehner eine Zahl liegen muß.
Beispiel: 5–12–22–26–35–47
Jetzt beginnt die »Ziehung«.
Das Zählwerk wird auf Null gestellt, und jeder Kegler hat 13 Würfe in die Vollen, mit denen er mindestens 49 Holz kegeln muß. Auf dem Weg dorthin liegt es nun an ihm, wieviel seiner persönlichen Glückszahlen er trifft. Aber Vorsicht, man darf den Mindestendstand von 49 Holz nicht aus den Augen verlieren, denn, wird er nicht erreicht, ist man ausgeschieden, und alle vorher erzielten Treffer zählen nicht mehr.
Wer 6 Treffer aufzuweisen hat, ist der Lottokönig. Es bleibt den einzelnen Clubs überlassen, in welcher Weise dieses »Glück« honoriert wird oder wie daraus ein Spiel für die Kegelkasse gemacht werden kann.

Variante

Ein Clubmitglied wird als Glückskegler einen Moment hinausgeschickt. Ist das geschehen, wählen die anderen ihre persönlichen Glückszahlen und schreiben sie verdeckt auf. Die Zettel werden mit Namen versehen und eingesammelt. Der auserwählte Glückskegler hat nun 15 Würfe in die Vollen, um mindestens 49 Holz zu erreichen. Das ist sicherlich nicht schwer, doch er sollte darauf achten, daß die 15 Würfe auch ausgenutzt werden, denn schließlich kann jede Zahl ein Treffer sein.
Um die Auswertung zu erleichtern, ist die gekegelte Zahlenreihe an der Tafel festzuhalten.

Bergauf – Bergab

Wie schon aus dem Titel zu entnehmen ist, besteht das Spiel aus 2 Teilen. Es geht in die Vollen, und jeder Kegler bestimmt durch sein Können und vielleicht auch manchmal Glück, wieviel Würfe er hintereinander machen darf und wieviel Punkte er dabei sammelt. Jedes Holz zählt 1 Punkt.
Im 1. Teil »Bergauf« darf er sooft in die Vollen kegeln, wie er seinen vorherigen Wurf an Holz übertrifft.
Fallen alle 9 Holz, darf er noch einmal von vorn beginnen. Bei gleichem Ergebnis oder weniger Holz ist der Durchgang beendet, und die Punkte werden notiert. Dann ist der nächste an der Reihe. So werden 3 Durchgänge gespielt.
Im 2. Teil geht es mit »Bergab« genau umgekehrt. Man darf solange kegeln, wie das vorherige Wurfergebnis unterboten wird. Hier darf, bei einem einzigen Holz angelangt, nicht noch einmal von vorn begonnen werden, da sich sonst das Spiel für sichere Bauernschützen zu einem Dauerspiel entwickeln würde. Aber auch hier werden 3 Durchgänge gekegelt.
Die Punkte aus beiden Spielteilen werden addiert und so der Sieger ermittelt. Beim Mannschaftskampf wird jeder Teil auf einen Durchgang reduziert. Die Einzelergebnisse ergeben dann in ihrer Addition das Mannschaftsergebnis.
Für den Einzelwettbewerb kann im Club auch eine Mindestpunktzahl festgelegt werden, bei deren Nichterreichen die jeweiligen Mitglieder einen bestimmten Betrag in die Kegelkasse zahlen müssen.

Abschreibung

Als Ausgangsposition hat jeder Spieler 100 Punkte, die im Laufe des Wettkampfes bis auf Null Punkte abgeschrieben werden. Es wird immer auf das volle Bild geworfen. Der »Feind«

sitzt dabei den Keglern im Nacken, denn die Holz, die der im Spielverlauf nachfolgende Kegler wirft, werden dem Vordermann als Punkte abgezogen. Somit ist es ratsam, die Reihenfolge der Spielteilnehmer auszulosen. Eine Besonderheit gibt allerdings zur Schadenfreude Anlaß. Ein Wurf mit 6 gefallenen Holz darf nicht beim Vordermann, sondern muß vom eigenen Konto abgeschrieben werden. Pumpen kosten den Kegler ebenfalls 6 Punkte. Wer bei Null Punkten angelangt ist, scheidet aus. Gegen Ende wird die Schar der Kegler immer kleiner, bis nur noch einer über Punkte verfügt, der dann Sieger ist.

Variante

Man darf die Punkte nur dann vom Vordermann abschreiben, wenn der eigene Wurf höher als der des Vordermannes ausfällt. Bei gleicher Holzzahl oder niedrigerem Wurf wird das eigene Konto belastet.

Inge	Klaus	Karin	Peter	Heinz	Ulrike	Hans	Wolfgang	Petra
100	100	100	100	100	100	100		
95	93	97	95	92	100	90		
88	86	90	91	85	–	82		
84	–	84	88	80	91	79		

9 bis 1

In 9 Durchgängen sollen in strenger Reihenfolge mit maximal 2 Würfen alle Zahlen von 9 bis 1 gekegelt werden. Es geht immer in die Vollen. Fällt die verlangte Holzzahl schon im 1. Wurf, ist der 2. Wurf hinfällig. Gelingt das nicht, müssen im 2. Wurf so viele Holz fallen, daß durch Addition oder Subtraktion der beiden Wurfergebnisse das Ziel doch noch erreicht wird.

Beispiele:

- Die geforderte Zahl ist 6 Holz.
  Im 1. Wurf fallen 5 Holz.
  Im 2. Wurf darf dann nur 1 Holz fallen, denn 5 + 1 = 6 Holz.
- Im 1. Wurf fallen 8 Holz.
  Im 2. Wurf dürfen dann nur 2 Holz fallen, denn 8 – 2 = 6 Holz.

Die Durchgangsergebnisse werden in einer Tabelle notiert. Mißglückte Versuche werden mit einem Strich gekennzeichnet. Die höchste Gesamtholzzahl gewinnt. Bei Gleichstand entscheidet die Anzahl der geglückten Versuche.

	Ralf	Birgit	Kurt	Tanja	Wolfgang	Brigitte
9	9	9	–	9		
8	–	–	8	8		
7	7	–	7	–		
6	6	6	6	–		
5	5	5	–	–		
4	–	4	4	4		
3	3	–	3	3		
2	–	–	2	2		
1	1	1	–	1		
Ergebnis	31	25	30	27		

Verdammte 6

9mal darf jeder Spieler in die Vollen kegeln, aber nicht hintereinander, sondern in Durchgängen zu je 1 Wurf. Die Durchgänge werden in einer Tabelle von 1 bis 9 durchnumeriert. Schon vor jedem Wurf muß der Kegler ansagen, unter welcher Durchgangsnummer sein Ergebnis eingetragen werden soll, denn sie ist der Multiplikator für die Anzahl der gefallenen Holz.

Beispiel:

Bei angesagter Durchgangsnummer 5 und gefallenen 7 Holz lautet das Ergebnis somit 5 x 7 Holz = 35 Punkte, oder bei angesagter Nummer 3 und 4 gefallenen Holz lautet das Ergebnis 3 x 4 Holz = 12 Punkte.

Hüten sollte man sich vor Würfen mit 6 Holz, denn die zählen nur einfach.

Sieger ist der Kegler mit der höchsten Gesamtpunktzahl. Bei Gleichstand entscheidet die Anzahl der Neunerwürfe.

	1	2	3	4	5	6	7	8	9	Ergebnis
Josef	5		15						54	
Bernd	–			32		24		6		
Ute				20			49			
Jens			9		35					
Anna	6						63			

Hürdenlauf

Das Ziel des Wettkampfes liegt im Erreichen von 110 Holz aus den Vollen bei möglichst wenig Würfen. Die zu nehmenden Hürden sind die Stationen 25, 50, 75 und 100 Holz.
Werden diese genau getroffen, sind die Hürden überwunden und es geht weiter. Werden sie aber nicht getroffen, muß das Rennen unterbrochen und das Hürdenbild abgeräumt werden, das hier abgebildet ist.
Das Wurfzählwerk geht währenddessen aber weiter. Ist die Hürde genommen, wird der Lauf unmittelbar an der jeweiligen Hürdenmarke fortgesetzt.
Die Mannschaftsmitglieder machen immer nur 1 Wurf. Wer mit den wenigsten Würfen die Marke 110 Holz erreicht oder überkegelt, hat den Hürdenlauf für sich entschieden.

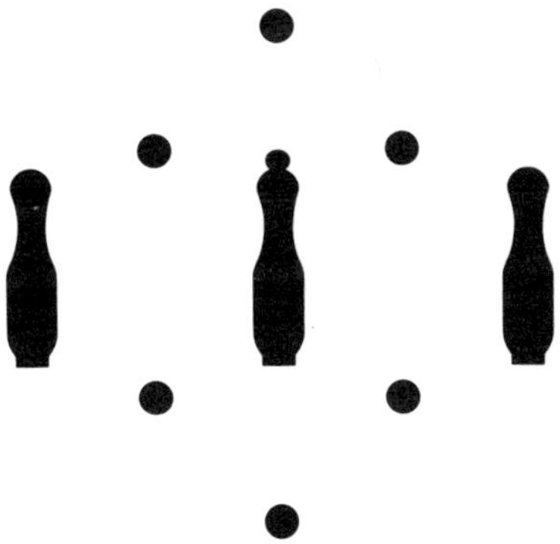

Von links nach rechts

Es werden 5 Würfe hintereinander auf das volle Bild gemacht. Die Wurfmethode ist aber geregelt. Im 1. Wurf muß zuerst der linke Bauer, im 2. Wurf die linke Vorderdame, im 3. Wurf das Vorderholz, im 4. Wurf die rechte Vorderdame und im 5. Wurf der rechte Bauer von der Kugel getroffen werden. Anderenfalls ist der Wurf ungültig. Jedes Holz zählt 1 Punkt, bei Bauern 2 Punkte.

Genaue Beobachtungen der Würfe durch Schiedsrichter sind ratsam.

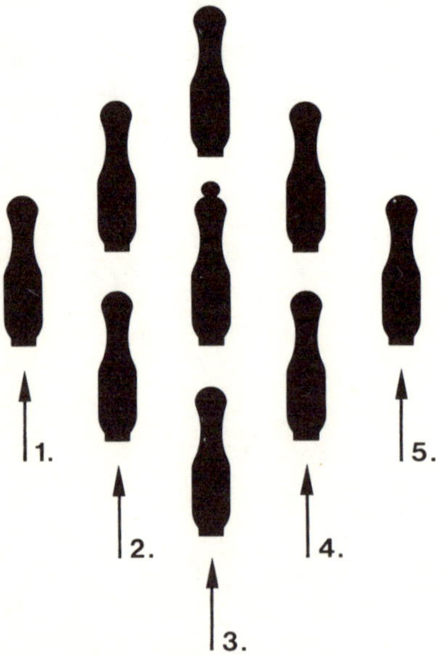

Achtung Vorderholz

In 3 Durchgängen zu je 2 Wurf sollen möglichst viele Holz aus den Vollen abgekegelt werden. Nur das Vorderholz ist davon ausgenommen, es muß immer stehenbleiben. Außderdem hat in jedem Durchgang der 1. Wurf rechts und der 2. Wurf links am Vorderholz vorbeizuführen (siehe Abbildung).

Fällt das Vorderholz doch einmal mit, ist der ganze Durchgang verloren und zählt null Punkte. Sonst werden für jedes gefallene Holz 1 Punkt, bei Würfen über 5 Holz sogar 2 Punkte gegeben.

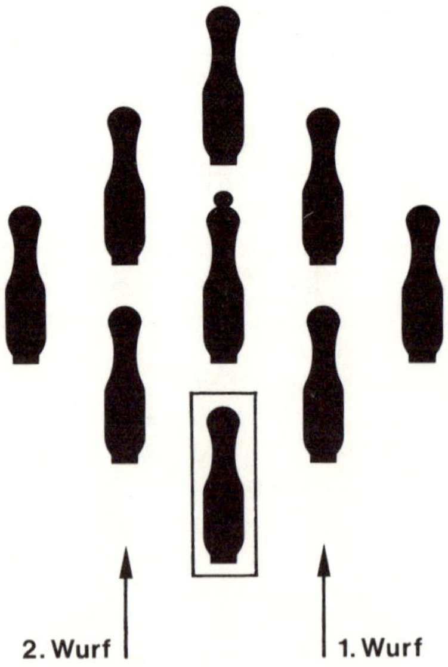

Variante

Das Spiel kann auch als Abräumspiel durchgeführt werden. Dann zählt jedes gefallene Holz aber nur 1 Punkt.

Kleine Schritte

Es ist keine große Leistung, mit 5, 6 oder 7 Würfen in die Vollen 30 Holz zu kegeln. Schwieriger wird es jedoch, soll man dieses Ziel mit möglichst vielen Würfen erreichen. Die Bauernspezialisten werden jetzt frohlocken, doch so einfach ist der Sieg nicht zu erringen, denn 2 Holz sind bei jedem Wurf Pflicht. Fällt nur 1 Kegel, werden 6 Holz als Ergebnis verbucht. Pumpen werden mit der gleichen Holzzahl gewertet. Fallen mehr als 2 Kegel, wird die entsprechende Anzahl verbucht.
Das Traumergebnis wären somit 15 Würfe zu je 2 Holz. Um die Spannung lange im Spiel zu halten, sollten nur 2 Würfe hintereinander gemacht werden. Bei Wurfgleichheit am Schluß entscheidet die Anzahl der gekegelten Zweien über den Sieg.

Wurfzahl	Ulrike	Alfred	Diana	Hans	Petra	Uwe	Klaus	Anja
1.	3	4	2	5				
2.	5	7	8	8				
3.	8	12	10	12				
4.	11	18	15	14				
5.	13	23	17	20				
6.	16	26	21	22				

Hasenjagd

Jedes Clubmitglied ist einmal Hase. Er läuft den Jägern, nämlich allen anderen Clubmitgliedern, mit 3 Würfen in die Vollen davon. Von da an versuchen die Jäger, den Hasen einzuholen, indem sie abwechselnd mit ihm kegeln. Jeder Jäger hat nur 1 Wurf. Der Vorsprung des Hasen am Ende der Jagd wird als sein Ergebnis festgehalten. Danach spielt ein anderer den Hasen, bis alle einmal Gejagte gewesen sind.

Wird ein Hase gefangen, holen die Jäger die Holz des Hasen also ein, kann er sich mit 1 Runde für alle wieder befreien.

In der Osterzeit ist dieses Spiel als Eierpreiskegeln sehr beliebt. Die Ergebnisse stellen dann die Anzahl der gewonnenen Eier dar.

Gassenhauer

Der Gassenhauer wird in 2 Durchgängen gekegelt. Es geht in die Vollen, wobei 5 Würfe hintereinander gemacht werden.

Im 1. Durchgang darf allerdings nur in die rechte, im 2. Durchgang nur in die linke Gasse gekegelt werden. Grundla-

1.

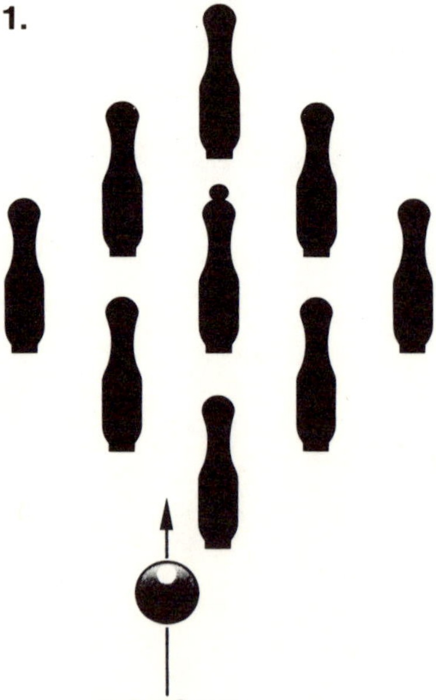

ge für die korrekte Ausführung eines Wurfes ist: Trifft die Kugel bei der rechten Gasse zuerst das Vorderholz und die rechte Vorderdame und bei der linken Gasse das Vorderholz und die linke Vorderdame?
Nur dann ist ein Wurf gültig, und jedes gefallene Holz zählt einen Punkt.
Im Mannschaftsrahmen gelten dieselben Regeln. Um Streitigkeiten über die Gültigkeit eines Wurfes zu vermeiden, ist es ratsam, vor dem Spiel Schiedsrichter zu benennen.

2.

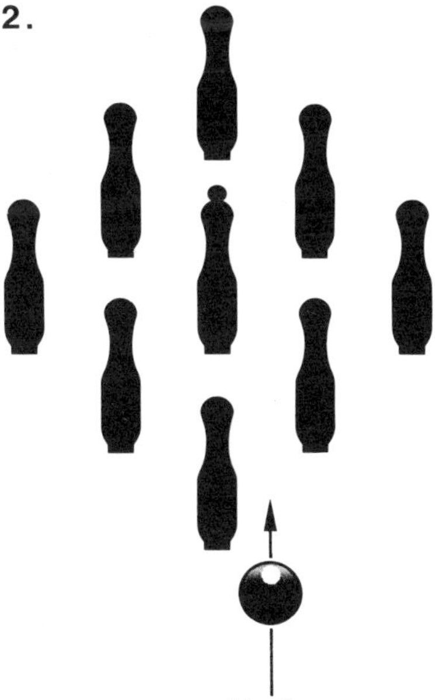

rechte Gasse

Wetterfrosch

Jeder Kegler hat 9 Würfe hintereinander in die Vollen. Er soll sich dabei als Wetterfrosch seine Leiter kegeln. Jedes Holz zählt 1 Punkt. Eine vollständige Leiter besteht aus 9 Sprossen. Ein wertbares Leiterstück entsteht aber schon ab 3 aufeinanderfolgenden Holz.

Beispiele:
6–7–8 Holz oder 2–3–4 Holz

Derjenige, der mit den 9 Würfen die längste Leiter gebaut hat, ist der beste Wetterfrosch.
Bei welchen Würfen die Zahlen fallen, spielt dabei keine Rolle. Eine vorgeschriebene Reihenfolge gibt es nicht. Bei Sprossengleichheit siegt die höhere Punktzahl.

Beispiel:

	Wurfergebnisse
Klaus:	2–3–4–5–6 8 Holz
Inge:	1 3–4–5–6–7 Holz

Beide haben eine Leiter aus 5 Sprossen gekegelt. Inges Leiter ist 25 Punkte, die von Klaus aber nur 20 Punkte wert. Inge ist damit Sieger.
Entstehen einmal 2 wertbare Teilstücke, zum Beispiel 1–2–3 Holz und 6–7–8 Holz, so wird nur das höherwertige angerechnet.

Neuner Allerlei

Für jeden passionierten Kegler ist die Neun beim Wurf in die Vollen das begehrteste Ergebnis.
In diesem Spiel sollen die Neunen jedoch aus den Ergebnissen zweier Würfe in die Vollen zusammengesetzt werden.

Beispiele:

1. Wurf	2. Wurf
6 Holz+	3 Holz
4 Holz+	5 Holz
8 Holz+	1 Holz
7 Holz+	2 Holz

(oder umgekehrt)

Jeder Kegler hat 6 Versuche, also 6mal 2 Würfe. Pumpen machen den jeweiligen Versuch ungültig. Fallen einmal im 1. Wurf schon alle 9 Holz, wird die Neun nur dann anerkannt, wenn das Ergebnis im 2. Wurf wiederholt werden kann.
Sieger ist der Kegler, der die meisten Neunen vorweisen kann. Bei Gleichstand entscheidet die Summe der gefallenen Holz aus den Zweitwürfen über den Sieg.
Im Partnerkampf kegeln die Spieler abwechselnd den 1., beziehungsweise den 2. Wurf.

Trampolin

Bei Trampolin liegt die Gewinnchance in der Fähigkeit der Kegler, aus den Vollen niedrige und hohe Holzzahlen abwechselnd kegeln zu können.
Gespielt wird in 5 Durchgängen zu je 2 Würfen. Der 1. Wurf soll möglichst niedrig ausfallen, der 2. möglichst hoch, denn die Differenz der beiden Ergebnisse wird dem Kegler als Punkterfolg angeschrieben.

Beispiel:

1. Wurf 2 Holz
2. Wurf 7 Holz
Das Ergebnis des Durchganges sind 5 Punkte.

Nach dem 5. Durchgang werden die Punkte addiert und so der Sieger ermittelt. Bei einer Mannschaftswertung werden demnach die Ergebnisse der Mannschaftsmitglieder addiert. Pumpen machen den jeweiligen Durchgang ungültig, und negative Ergebnisse gibt es nicht, wenn der 1. Wurf höher ausfällt als der 2. Wurf.

Olympischer Dreisprung

Der Dreisprung besteht aus 3 Würfen in die Vollen pro Kegler bei offener Rundenzahl.
In der 1. Runde müssen dabei mindestens 12 Holz erzielt werden. Das ist die Qualifikation für die 2. Runde.
In der 2. Runde erhöht sich die geforderte Holzzahl auf mindestens 14, in der 3. Runde auf mindestens 16 Holz. Von der 4. Runde an steigt die Anforderung der zu erkegelnden Holz nur noch um jeweils 1 auf 17, dann 18, 19 usw. Erreicht ein Kegler einmal die geforderte Mindestholzzahl nicht, darf er am Ende des jeweiligen Durchganges noch einen Versuch starten. Gelingt es ihm dann, ist auch er eine Runde weiter. Sein Fehlversuch wird aber in der Leistungstabelle mit einem **X** vermerkt. Gelingt es ihm aber wieder nicht, muß er aus dem Wettkampf ausscheiden.
Sieger des Dreisprungs ist natürlich, wer den weitesten »Sprung«, also die höchste Holzzahl erreicht hat.
Bei Gleichstand entscheidet die geringere Anzahl der Fehlversuche über den Sieger. Herrscht auch da Gleichheit, gibt es eben mehrere Sieger.
Im folgenden Beispiel haben Klaus und Marion 19 Holz als Endergebnis, Marion hat aber einen Fehlversuch mehr. Der Sieger ist also Klaus.

	Klaus	*Willi*	*Petra*	*Marion*	*Manfred*	*Hilde*
12	O	O	O	O	O	O x
14	O	O	O	O	O x	O
16	O	O x	O x	O x	O	O
17	O x		O x	O		O x
18	O x			O x		
19	O			O x		
20						
21						

Katz und Maus

Ein Kegler ist die Katze, die anderen sind die Mäuse. Jede Maus kegelt einmal in die Vollen. Nach jedem Mäusewurf kegelt die Katze und versucht, die Maus zu fangen. Erzielt sie die gleiche Holzzahl, ist es ihr geglückt, und sie erhält dafür einen Punkt, bei gleichem Bild sogar einen Zusatzpunkt, also 2 Punkte.

Mißlingt der Katze aber der Wurf, ist die Maus gerettet und kann einen Punkt für sich verbuchen. Man kann demnach als Katze und als Maus Punkte gewinnen, die unmittelbar in einer Tabelle festgehalten werden.
Haben alle Mäuse gekegelt, wird gewechselt, und eine neue Katze geht auf Jagd, bis alle Clubmitglieder einmal die Katzenrolle übernommen haben.
Neben dem Sieger mit den meisten Gesamtpunkten stehen am Ende auch die beste Katze und die beste Maus als zweite Sieger fest.

	Rolf	*Heike*	*Stefan*	*Monika*	*Benjamin*	*Vera*
Katze	III	II	IIII	I		
Maus	I			II		
Punkte						

Marathonlauf

Kondition und Können werden den Keglern in diesem Spiel abverlangt, denn es gibt keine Wurfzahlbegrenzung, aber hohe Anforderungen, die zu erfüllen sind, will man lange auf der Bahn bleiben und den Sieg erringen. Jeder Teilnehmer darf so oft in die Vollen kegeln, wie 6 Holz oder mehr fallen.

Ein Wurf mit 5 Holz gilt als Ausrutscher und wird zweimal gestattet. Pumpen werden wie Würfe mit 5 Holz gewertet. Das sind die einzigen Schwächen, die man sich leisten darf. Bei weiteren Würfen, die die Forderungen nicht erfüllen, muß der Kegler den Lauf beenden, und sein Ergebnis wird abschließend in einer Tabelle notiert.
Am Ende steht der Sieger mit der höchsten Holzzahl fest. Im Mannschaftskampf wird die Siegermannschaft durch die Addition der Einzelergebnisse ermittelt.

Abräumspiele

Risiko

Jeder darf so oft von einem anfangs vollen Bild abräumen, wie das Vorderholz stehenbleibt und mindestens 1 Kegel pro Wurf fällt. Kippt das Vorderholz, oder wird nichts getroffen, ist der Durchgang beendet, ungültig und ohne Wertung. Hat ein Spieler rund um das Vorderholz abgeräumt, darf er von vorn beginnen, muß dann aber bei jedem Wurf mindestens 2 Holz abkegeln.
Die Kegler haben zu jeder Zeit das Recht, bei kniffligen Bildkonstellationen den Durchgang abzubrechen und die bis dahin erreichte Holzzahl für sich bzw. für die Mannschaft anschreiben zu lassen, denn es wird in 4 Durchgängen gespielt, mit allen Chancen und Risiken. Am Ende siegt die Mannschaft mit der höchsten Gesamtholzzahl.

Variante

Für Kegelexperten kann die Regel dahingehend verschärft werden, daß von Anfang an mindestens 2 Holz pro Wurf fallen müssen.

Wurfvorschlag:

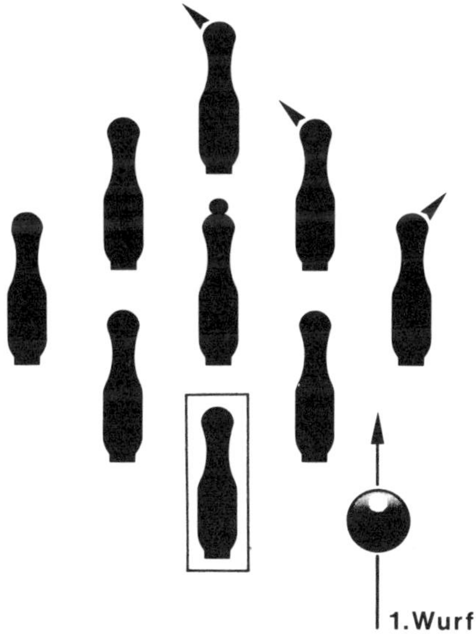

Kegelbowling

Wie beim Bowling wird in 10 Runden gespielt. Jede Runde besteht aus maximal 3 Würfen. Es wird abgeräumt. Gefallene Holz zählen jeweils 1 Punkt.
Spielverlauf:
Räumt ein Kegler mit dem 1. oder 2. Wurf alle 9 Holz ab, so erhält er dafür, statt 9 Punkte, 18 Punkte. Gelingt ihm das erst im 3. Wurf, erhält er dafür die 9 Punkte für die abgekegelten Holz und darf die Holzzahl des 1. Wurfes vom nächsten Durchgang nachträglich als Bonus seinem Ergebnis hinzufügen.
Diese Art der Wertung erfordert eine äußerst exakte Tabellenführung.
Werden nicht alle 9 Holz abgeräumt, wird nur die normale Punktzahl notiert.
Im 10. Durchgang darf ein 4. Wurf gemacht werden, wenn mit dem 3. Wurf abgeräumt wurde, damit der Bonus ermittelt werden kann. Am Ende werden die Punkte addiert und so der Sieger ermittelt.

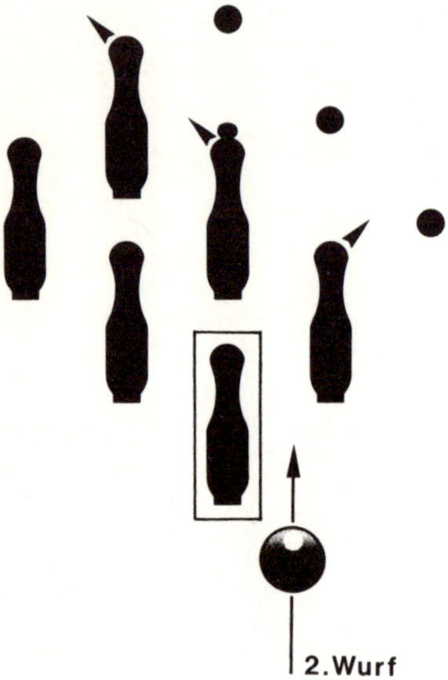

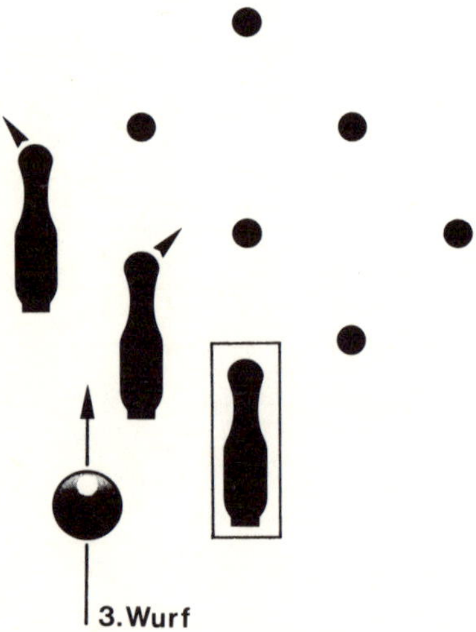

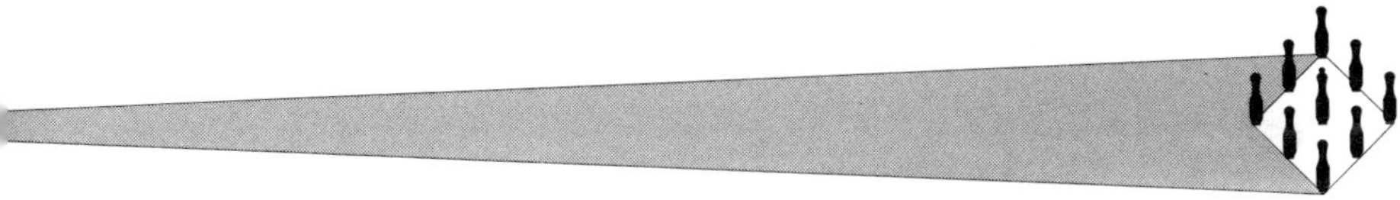

Runde	Christel	Josef	Kurt	Monika	Hermann	Marianne
1	18	9	7			
		4				
2	8	8	9			
			4			
3	9	18	8			
	5					
4	8	7	9			
			7			
5	18	9	7			
		5				
6	9	9	9			
	7	4	3			
7	7	8	5			
8	9	18	8			
	3					
9	5	9	9			
		7	4			
10	8	9	8			
		5				
Ergebnis	114	129	97			

Rund um den König

Die Mannschaften haben die Aufgabe, sooft wie es ihnen mit 30 Würfen möglich ist, alles bis auf den König abzuräumen. Für jedes Gelingen erhält die Mannschaft 10 Punkte, für jeden mißglückten Versuch werden 5 Punkte abgezogen.
Pro Spieler wird abwechselnd immer nur 1 Wurf gemacht.
Die höchste Punktzahl gewinnt. Bei Gleichstand entscheidet der niedrigste Punktabzug über den Sieg.

Cocktail

Der Name Cocktail deutet schon an, daß in diesem Spiel verschiedene Kegelspielarten vorkommen. Die Spielabschnitte bestehen aus Kegeln in die Vollen, Abräumen und Bilderkegeln. Es ist hauptsächlich als Mannschaftskampf entwickelt worden, kann aber auch als Einzelspiel durchgeführt werden. Das Spiel besteht aus einer Hinrunde mit 5 Durchgängen und einer Rückrunde mit offener Durchgangszahl.
Während der Hinrunde werden sogenannte Strafdeckel verteilt, die in der Rückrunde wieder abgelegt werden können. Sieger ist die Mannschaft, die entweder erst gar keinen Strafdeckel erhalten hat, oder aber in der Rückrunde zuerst alle hat ablegen dürfen.

Hinrunde

1. Durchgang
Jedes Mannschaftsmitglied wirft 2mal in die Vollen. Die gefallenen Holz werden als Punkte notiert. Am Ende werden die Ergebnisse der Mannschaften verglichen und die unterlegene erhält einen Strafdeckel.
2. Durchgang
Es wird fortlaufend abgeräumt. Jeder Kegler macht 2 Würfe hintereinander. Die Wertung erfolgt wie beim 1. Durchgang. Wieder bekommt die unterlegene Mannschaft einen Deckel.
3. Durchgang
Aus einem vollen Bild sind Fünfen zu kegeln. 3 Versuche werden pro Kegler gestartet. Für jeden gelungenen Wurf erhält die Mannschaft 1 Punkt, bei 2 Fünfen desselben Keglers 1, bei 3 Fünfen sogar 2 Extrapunkte. Das beste Ergebnis eines Keglers sind somit 5 Punkte, über die sich die eigene Mannschaft freuen kann. Der Ergebnisvergleich beider Mannschaften am Ende entscheidet über die nächste Deckelvergabe.
4. Durchgang
Das Bild, bestehend aus Vorderholz, König und Hinterholz, soll abgeräumt werden. Dazu stehen pro Kegler 2 Würfe zur Verfügung. Jedes Holz zählt 1 Punkt. Fallen schon beim 1. Wurf alle

3 Holz, wird das Bild noch einmal aufgestellt. Am Ende wird der 4. Strafdeckel verteilt.

5. Durchgang

Im letzten Durchgang der Hinrunde werden nur die beiden Bauern aufgestellt. Mit 2 Wurf pro Kegler sollen sie fallen. Die Mannschaft mit den wenigsten Treffern erhält den 5. und letzten Deckel. Sollte eine Mannschaft das Pech haben und am Ende der Hinrunde alle 5 Deckel besitzen, ist der Kampf schon vorzeitig entschieden.

Rückrunde

In der Regel kommt es aber zur Rückrunde, in der die Durchgänge der Hinrunde in gleicher Reihenfolge wiederholt werden. Der Unterschied besteht nur darin, daß jetzt die jeweils im Durchgang bessere Mannschaft einen Deckel ablegen darf.

Hinweis

Kaum ein anderes Kegelspiel bietet so viele Möglichkeiten, durch phantasievolle Varianten in den Aufgabenstellungen die Freude am Kegeln zu erhalten.

Schnelle Doublette

Den Paaren stehen immer 2 Würfe auf ein und dasselbe volle Bild zur Verfügung. Die Würfe müssen jedoch so schnell aufeinander folgen, daß beide Kugeln vom Zählwerk der Anlage als nur *ein* Wurf registriert werden. Eine gezielte Wurfabsprache der Partner ist daher unverzichtbar.

Zeigt das Zählwerk doch einmal 2 Würfe an, ist 1 Durchgang vertan, denn es werden 5 Durchgänge zu je 2 Kugeln hintereinander gekegelt, und bei der Anzeige von 5 Würfen ist das Spiel endgültig beendet.

Die maximal erreichbare Holzzahl ist demnach: 5 x 9 Holz = 45 Holz.

Das Paar mit den meisten Holz gewinnt.

Das Stechen bei Gleichstand besteht aus einem fortlaufenden parallelen Weiterkegeln der Spitzenpaare.

Auch als Einzelspiel erzeugt die *Schnelle Doublette* viel Spaß und Spannung.

Super 16

Das Spiel beginnt mit einem vollen Bild. Es wird solange abgeräumt, bis der Kegler einmal kein Holz trifft oder eine Pumpe wirft. Dann ist für ihn der Durchgang beendet, und er erhält die Anzahl der bis dahin abgeräumten Holz, vermindert um die Anzahl seiner Würfe, als Punkte notiert. Räumt er alle 9 Holz ab, darf er noch ein zweites Mal mit vollem Bild beginnen.
Insgesamt werden so 3 Durchgänge gekegelt, an deren Ende der Sieger mit dem höchsten Gesamtresultat feststeht.

Durchgänge		Klaus	Peter	Inge	Karin	Andreas	Herta
	Holz	13	12	16	9		
1.	– Würfe	6	5	4	3		
	= Ergebnis	7	7	12	6		
	Holz	8	14	15	17		
2.	– Würfe	3	5	5	4		
	= Ergebnis	5	9	10	13		
	Holz	18	7	8	18		
3.	– Würfe	4	2	5	4		
	= Ergebnis	14	5	3	14		
Gesamtergebnis		26	21	25	33		

Hinterholz vor Vorderholz

Es wird fortlaufend abgeräumt. Den Mannschaften stehen 30 Würfe zur Verfügung. Jeder Teilnehmer kegelt immer nur einmal. Zu beachten ist allerdings, daß das Hinterholz vor dem Vorderholz abgekegelt werden muß. Nur dann zählt jedes gefallene Holz 1 Punkt. Ist das einmal nicht geschehen oder nicht mehr möglich, muß abgebrochen und von Neuem begonnen werden. Die regulär erzielten Punkte werden in einer Wertungstabelle festgehalten.
Sieger ist die Mannschaft, die nach den 30 Würfen die meisten Holz vorschriftsmäßig abgeräumt hat.

Variante

Nach dem Wurf, in dem das Hinterholz gefallen ist, muß sofort im nächsten Wurf das Vorderholz mit abgekegelt werden. Sollte dann zugleich alles abgeräumt sein, werden 2 Sonderpunkte gutgeschrieben, also 11 statt 9 Punkte. Fällt das Vorderholz aber nicht, wie verlangt, muß von vorn begonnen werden. Das Spiel kann ebenso als Einzelwettkampf durchgeführt werden. In dem Fall müßte die Wurfzahl niedriger sein.

Schwindsucht

Jedes Paar räumt alle 9 Holz mit so wenig Würfen wie möglich ab. Dabei kegeln die Partner abwechselnd. Es wird in 5 Durchgängen gespielt, und eine Tabelle nimmt die Zwischenergebnisse auf.
Die Wurfzahl pro Durchgang ist auf 6 begrenzt.

Wertung

Benötigte Wurfzahl	Punkte
1	20
2	15
3	12
4	9
5	6
6	1

Als Siegerpaar steht nach den 5 Durchgängen das Paar fest, das die höchste Gesamtpunktzahl erreicht hat. Das Spiel kann mit gleichen Regeln auch als Einzelwettkampf durchgeführt werden.

Präzision

Es wird folgendes Kegelbild aufgestellt:

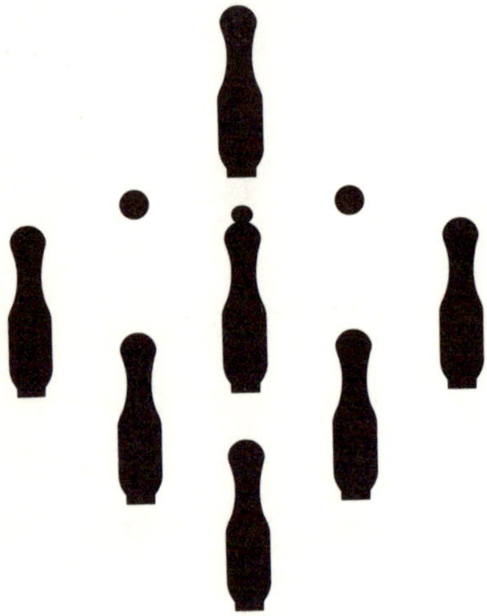

Die Kegel dieser Anordnung sind nach Möglichkeit einzeln abzukegeln. Jeder Spieler hat eine Ausgangsbasis von 33 Punkten. Je nach seiner Kegelkunst wird diese erhalten oder verringert. Fällt in den Würfen immer nur 1 Holz, bleiben die 33 Punkte unangetastet. Anders wird es, wenn mehrere Holz fallen.
Pumpen und Würfe, bei denen kein Holz fällt, werden mit einem Abzug von 8 Punkten geahndet.

Wer die meisten Punkte retten kann, ist Sieger. Wird das Spiel als Partnerwettkampf durchgeführt, kegeln die Partner abwechselnd.
Die Anzahl der Durchgänge kann beliebig festgesetzt werden.

Wertung

Gefallene Holz	Punktabzug
2	2
3	2 x 2 = 4
4	2 x 2 x 2 = 8
5	2 x 2 x 2 x 2 = 16
6	2 x 2 x 2 x 2 x 2 = 32

Bauern Bauern

Es geht in 5 Durchgängen zu je 2 Würfen auf die Bauern eines vollen Bildes. Anzustreben ist, beide Bauern allein herauszukegeln, denn das bringt die Höchstwertung von 6 Punkten. Für jedes weitere Holz, das mitfällt, wird ein Punkt abgezogen. Die Einzelergebnisse werden in einer Tabelle festgehalten und nach dem 5. Durchgang addiert. Sieger ist der Spieler mit dem höchsten Endpunktstand. Einzeln gefallene Bauern werden in der Tabelle mit einem Kreuz besonders gekennzeichnet, denn bei gleichen Endergebnissen ent-

scheidet die Anzahl der einzeln abgekegelten Bauern über den Sieg.
Im folgenden Beispiel haben Rita und Klaus je einen Endstand von 22 Punkten. Klaus hat 6, Rita dagegen nur 5 Bauern einzeln abgekegelt. Klaus ist damit knapper Sieger.

	1	2	3	4	5	Ergebnis	1	2	3
Petra	4	5 x	3	2	x 6 x	20			
Klaus	2	x 6 x	x 6 x	4 x	4 x	22			
Sabine	2	1	3	4 x	2	12			
Rita	x 6 x	x 4	4 x	4	4 x	22			
Gerd	2	2	2	3	4 x	13			

Abräumen paradox

Das Abräumen eines vollen Bildes mit möglichst wenig Würfen stellt selbst für Neulinge nichts Besonderes dar. Da wird eben abgeräumt, bis alle Holz abgekegelt sind, und immer, wenn nach dem 1. Wurf noch 1 oder 2 Holz stehengeblieben sind, ist man eigentlich ärgerlich darüber.
Beim *Abräumen paradox* gibt ein solches Resultat des 1. Wurfes dagegen Anlaß zur Freude, denn bei diesem Spiel werden für den weiteren Spielverlauf unüblicherweise die *umgefallenen* Kegel wieder aufgestellt.
Jeder Spieler hat maximal 5 Würfe hintereinander. Vom 1. Wurf an muß so gekegelt werden, daß möglichst viele, aber nicht alle Kegel fallen. Die gefallenen Holz werden als Bild für den 2. Wurf und die darin gefallenen Holz wieder für den 3. Wurf aufgestellt. So geht es bis zum 5. Wurf weiter. Fällt einmal das ganze Bild, bleibt also kein Kegel stehen, ist das Spiel vorzeitig beendet. Die in dem letzten Bild gefallenen Holz zählen dann nicht mehr.
Die ideale Ergebnisfolge wäre demnach für den 1. Wurf 8, den 2. Wurf 7, den 3. Wurf 6, den 4. Wurf 5 und den 5. Wurf 4 Holz, insgesamt 30 Holz.
Die Spielregeln lassen deutlich erkennen, daß Risikobereitschaft, Können und sicherlich ein wenig Glück nötig sind, um in diesem Kampf ganz vorn zu sein.
Um Zählfehler zu vermeiden, ist nach jedem Wurf das Ergebnis in einer Tabelle festzuhalten. Der Kegler mit der höchsten Holzzahl ist natürlich der Sieger dieses kniffligen Abräumspieles.

Kegelpartien

Große Kranzpartie

Alle 10 Bilder sind bis zum Kranz abzukegeln. Es kommt auf Anzahl der Erfolge und die Wurfzahl an. Fällt einmal ein König, wird sofort zum nächsten Bild gewechselt, aber alle Würfe, auch Pumpen und Leerwürfe, zählen. Pro Kranzbild werden 10 Punkte berechnet. Zur Ermittlung der Endergebnisse wird die Gesamtpunktzahl jeder Mannschaft um deren Wurfzahl vermindert.
Als Einzel- oder Partnerspiel durchgeführt, müßte die Partie aus Zeitgründen gekürzt werden.

Beispiel

	Mannschaft A	Mannschaft B
Kranzerfolge	7 = 70 P.	6 = 60 P.
minus		
Wurfzahl	24 P.	22 P.
Ergebnis	46 P.	38 P.

1.

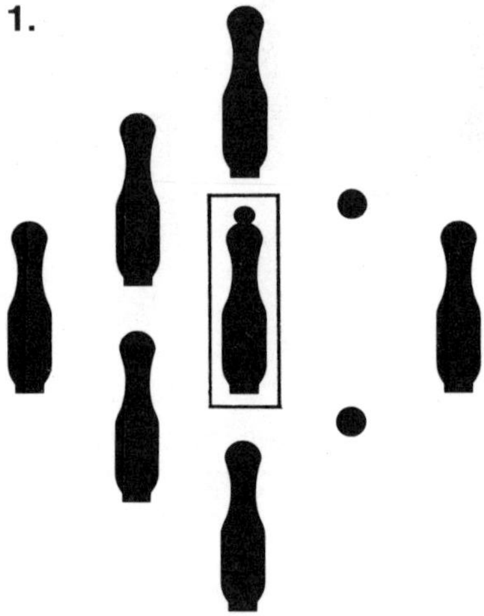

2.

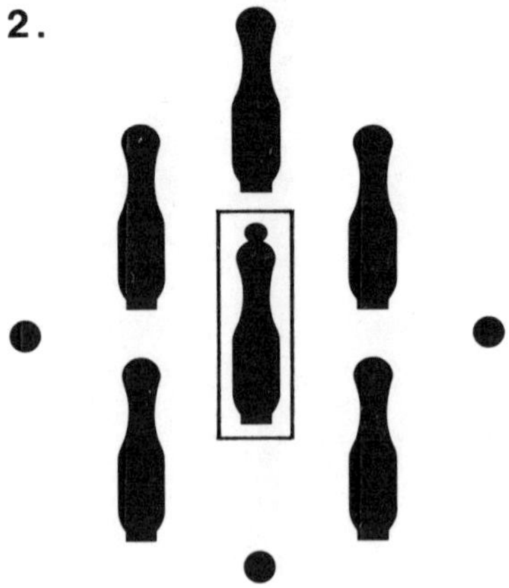

3.

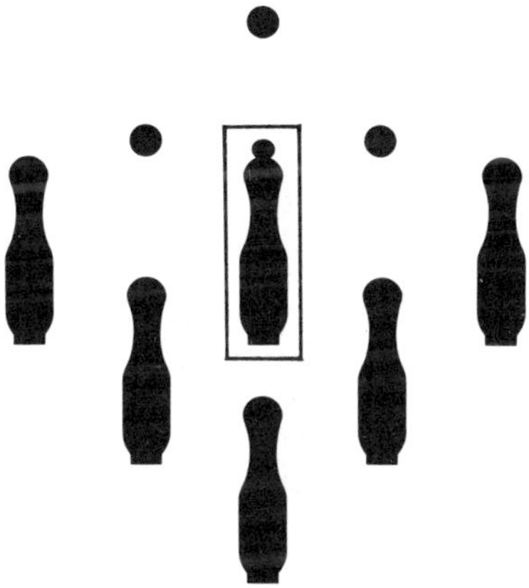

5.

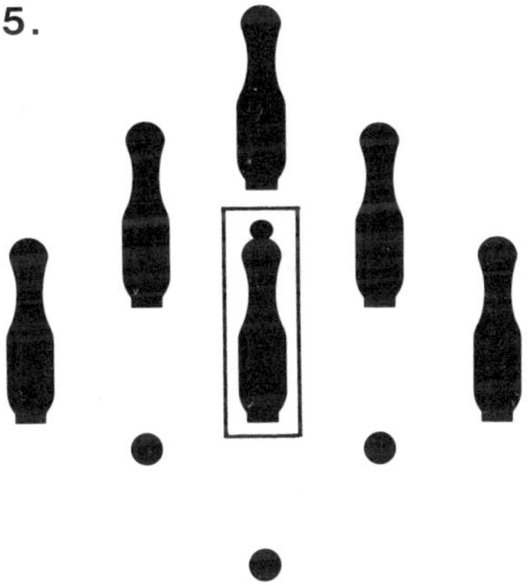

4.

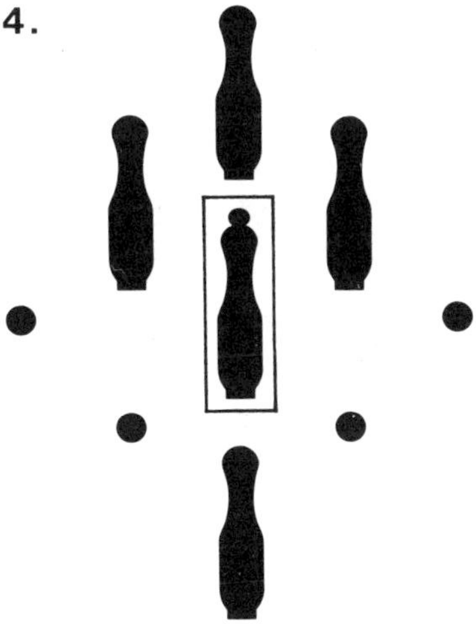

6.

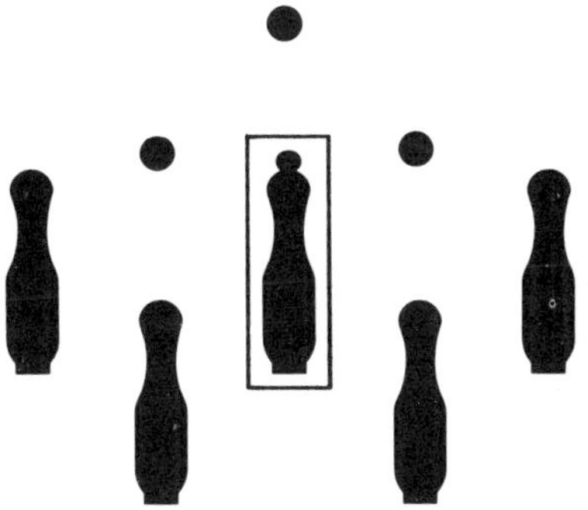

7.

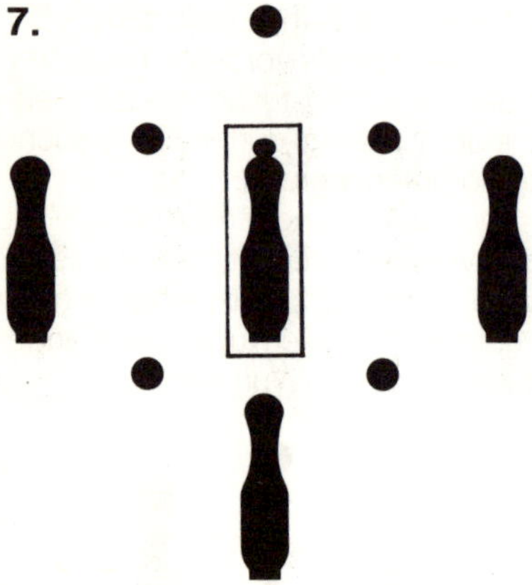

8.

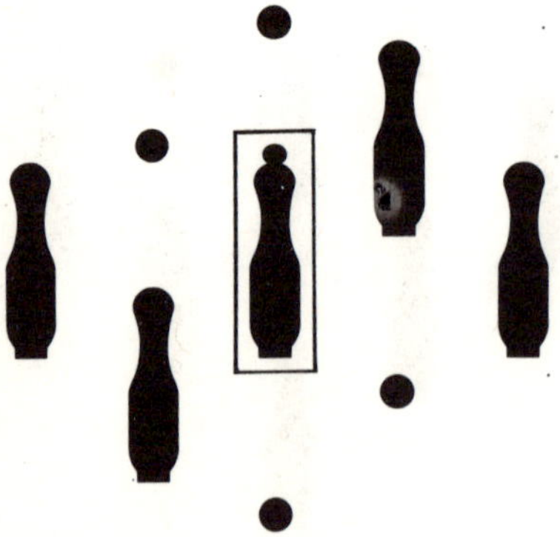

9.

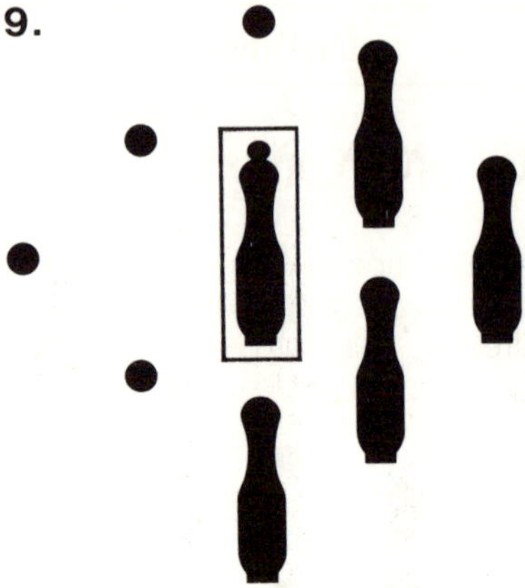

10.

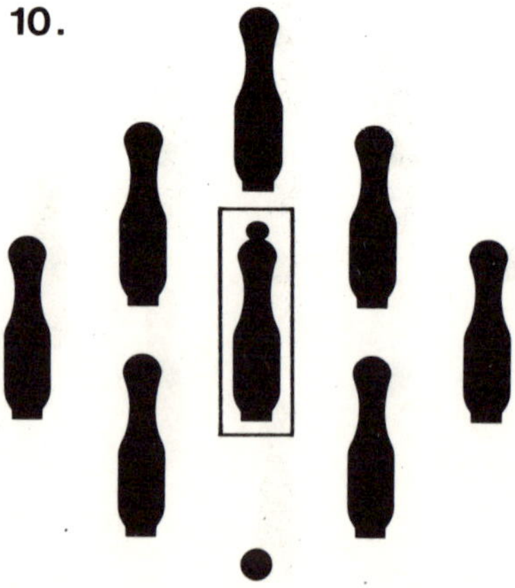

Drillinge

Die hier abgebildeten Drillinge mit 1 Wurf abzukegeln, stellt für geübte Kegelfreunde keine große Aufgabe dar.

Wird aber die Auflage erteilt, daß die Kugel *nur* den jeweils *vorderen* Kegel treffen darf, sind selbst Könner gefordert. Bei jedem Drilling dürfen 3 Versuche unternommen werden.
Besondere Wertung: Fallen alle 3 Holz nach Vorschrift, erhält der Kegler 3 Punkte, fallen nur 2 Holz, erhält er noch 1 Punkt. Berührt die Kugel einen anderen Kegel, ist der Wurf ungültig.

1.

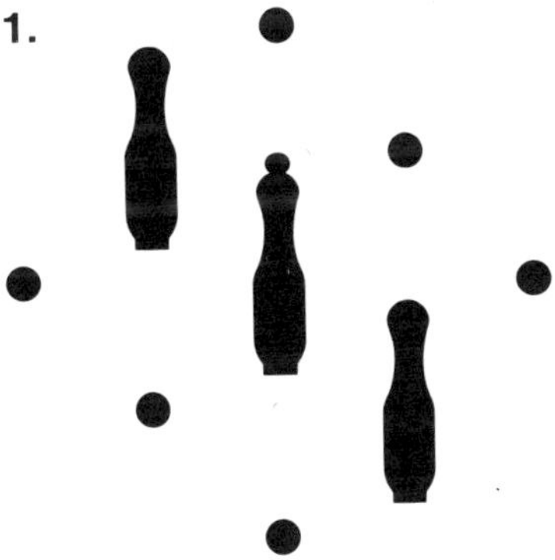

2.

3.

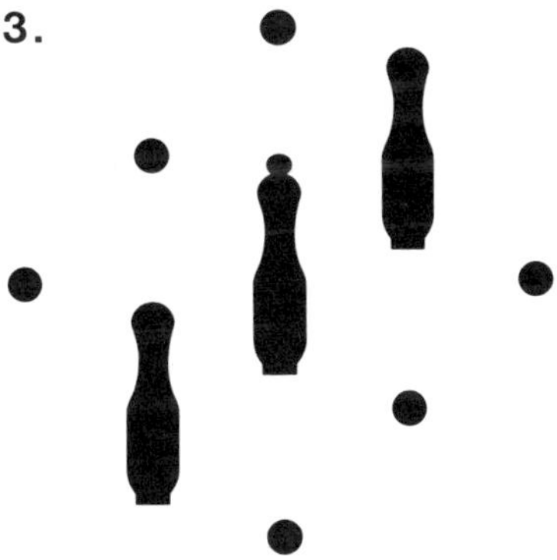

4.

Spiegelbilder

Die 6 Spiegelbilder um die Längs- beziehungsweise Querachse sind abzuräumen. Es kommt auf die Wurfzahl an. Würfe, in denen kein Holz fällt, also auch Pumpen, führen dazu, daß das Bild noch einmal komplett aufgestellt werden muß. Die Wurfzahlen werden tabellarisch festgehalten. Im Partnerspiel wird abwechselnd, im Mannschaftskampf fortlaufend gekegelt.

1.

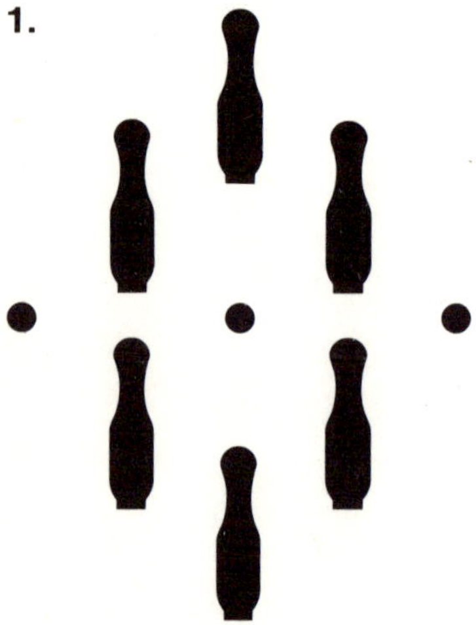

2.

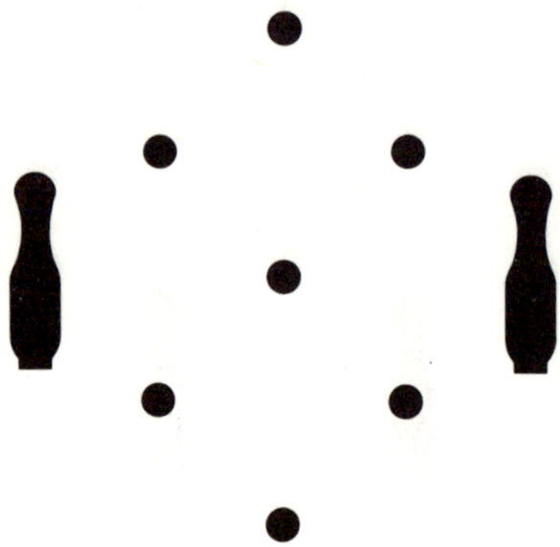

3.

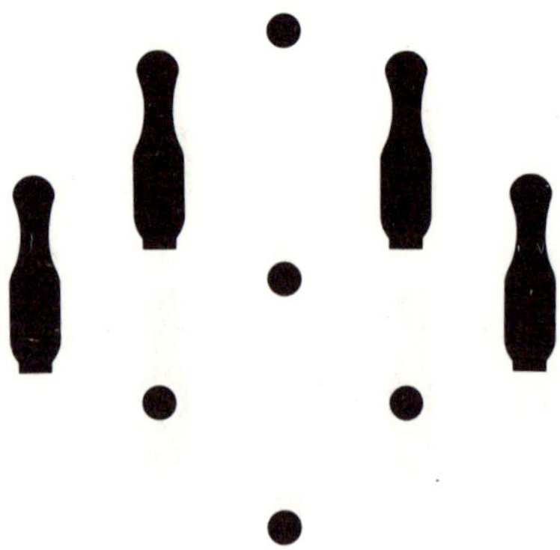

4.

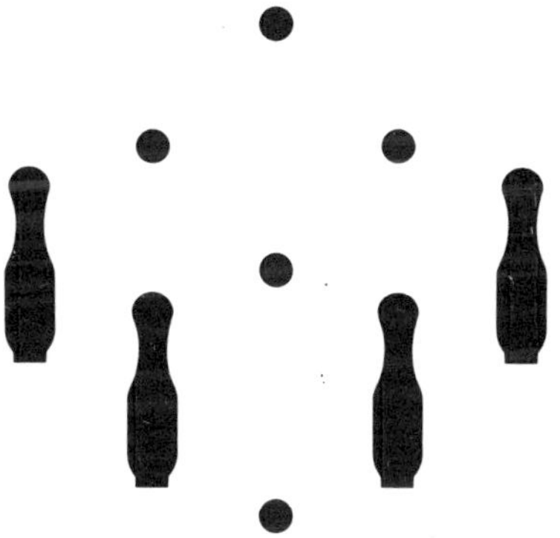

6.

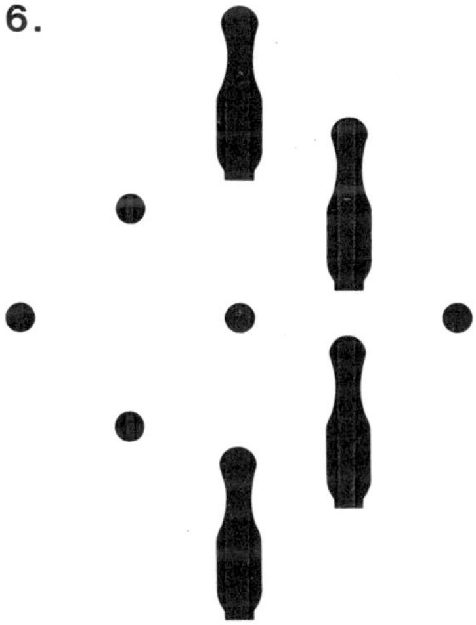

5.

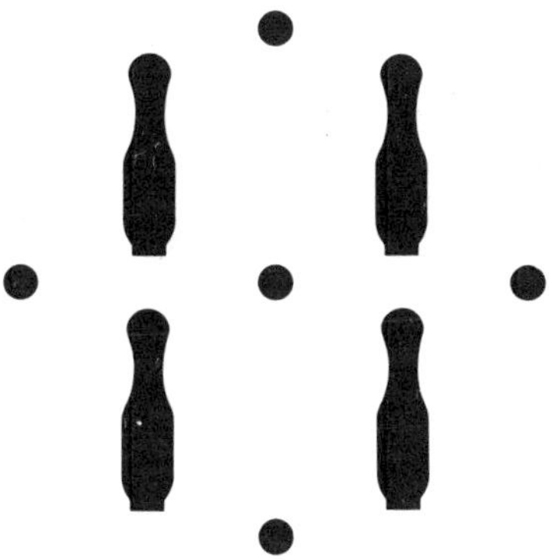

Kalkulation

Wer an diesem Kegelspiel teilnimmt, sollte zu Beginn die 10 Bilder der gesamten Partie genau studieren, damit er seine 18 Würfe, die ihm zur Verfügung stehen, optimal einsetzt. Jedes abgeräumte Bild zählt 15, sonst jedes gefallene Holz 2 Punkte. Für nicht benötigte Würfe werden je 10 Punkte gutgeschrieben. Sollte ein Kegler sich verkalkuliert und für einige Bilder keine Würfe mehr haben, werden ihm für jedes nicht mehr in Angriff genommene Bild 20 Punkte zur Strafe abgezogen.
Es steht jedem Teilnehmer frei, das Kegeln auf ein Bild abzubrechen, wenn es ihm aus Gründen der Wurf- oder Punktkalkulation geboten erscheint.
Die Einzelergebnisse mit Wurfzahlen werden in einer Tabelle festgehalten.

	1	2	3	4	5	6	7	8	9	10	+	−	Ergebnis
Annette	15	15	4	15	4	15	6	6	15	15	20	—	130
Hildegard	15	15	15	15	4	15	15	6	15	4	—	—	119
Manfred	15	15	15	15	15	15	6	6	—	—	—	40	62

1.

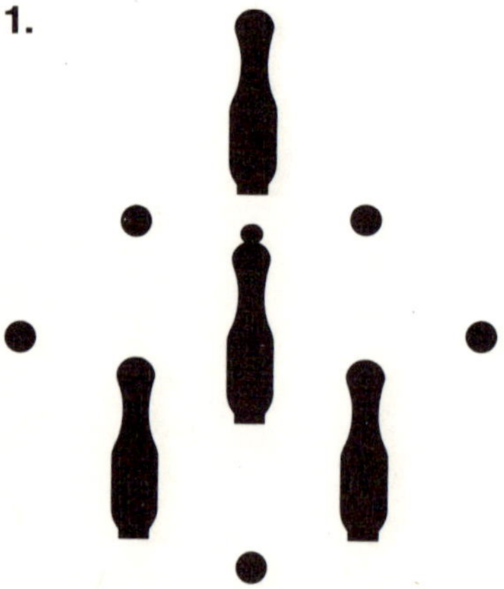

2.

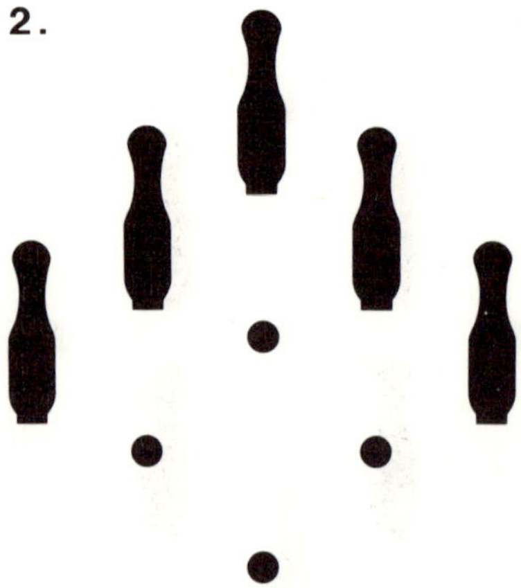

3.

5.

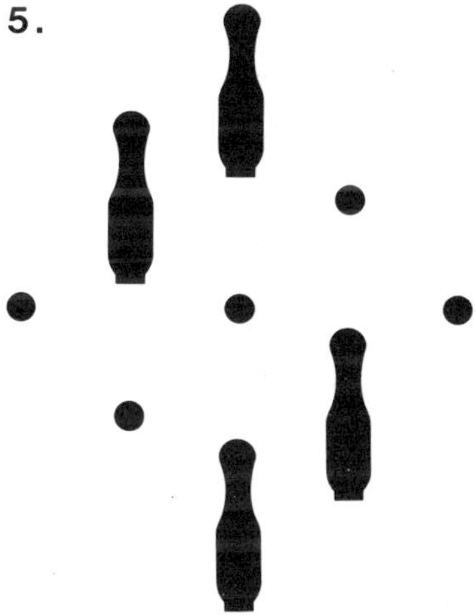

4.

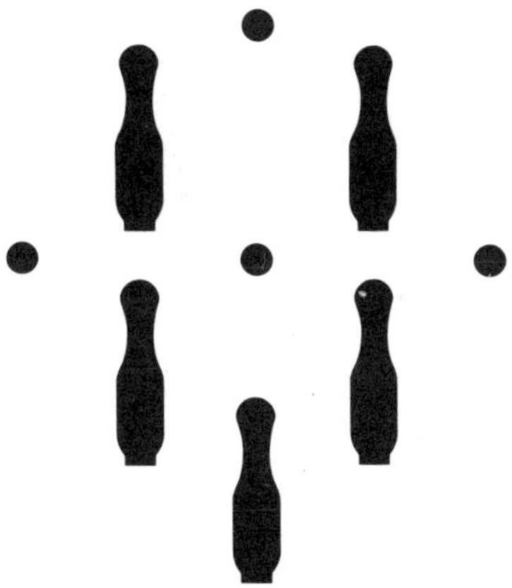

6.

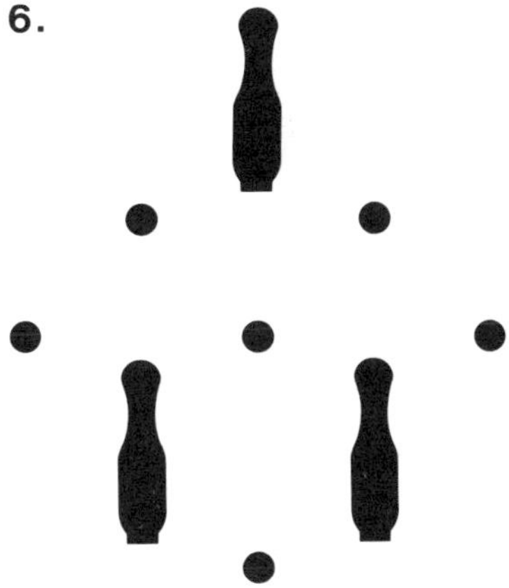

7.

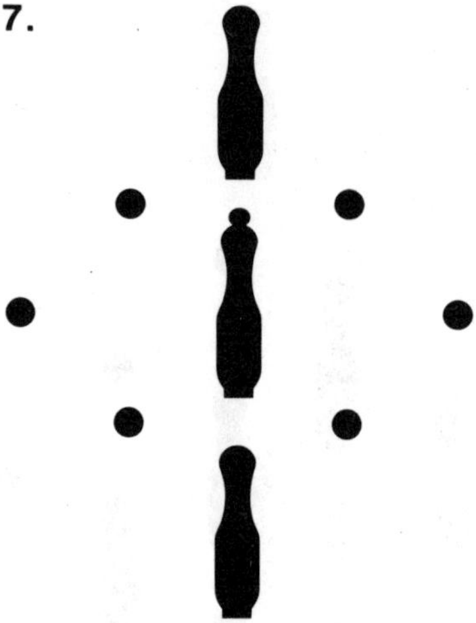

9.

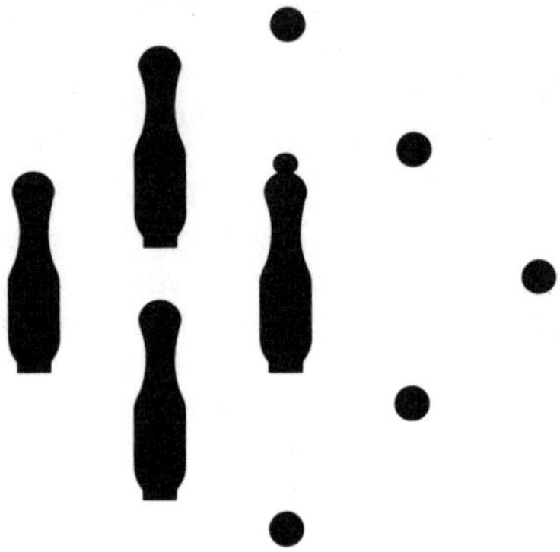

8.

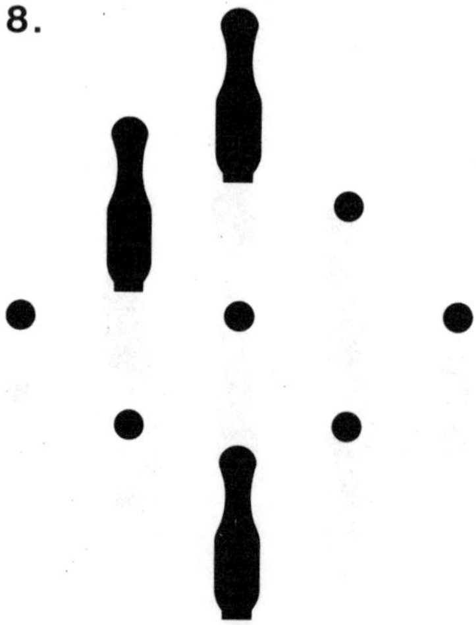

10.

Geometrisches Figurenspiel

Die Dreiecke, Quadrate und Rechtecke der 6 Bilder sind abzukegeln. Je weniger Würfe dazu benötigt werden, desto höher ist die Punktzahl. Die einzelnen Wertungen sind bei den Bildern angegeben. Die höchste Punktzahl gewinnt.

1.

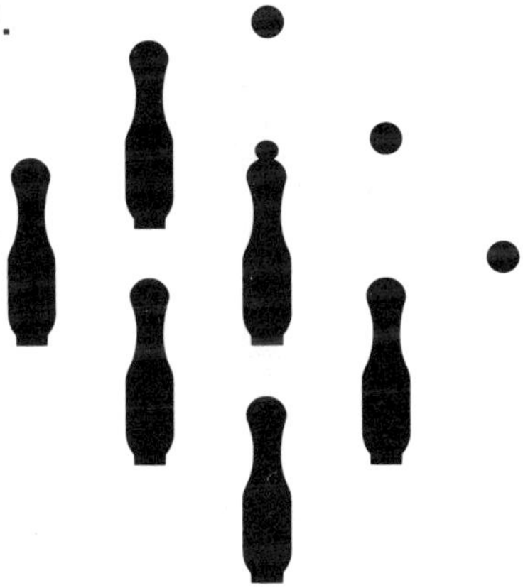

Bild 1
1 Wurf = 20 P.
2 Würfe = 10 P.
3 Würfe = 5 P.

2.

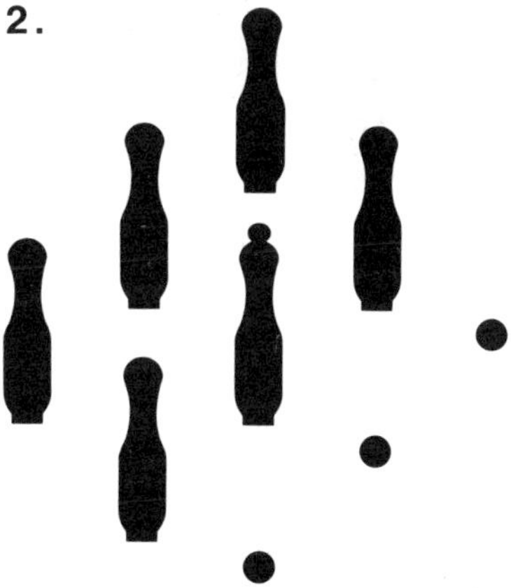

Bild 2
1 Wurf = 20 P.
2 Würfe = 10 P.
3 Würfe = 5 P.

3.

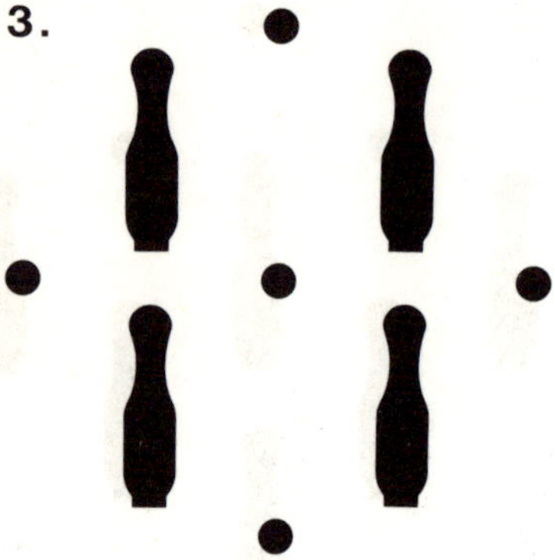

Bild 3
2 Würfe = 20 P.
3 Würfe = 10 P.
4 Würfe = 5 P.

4.

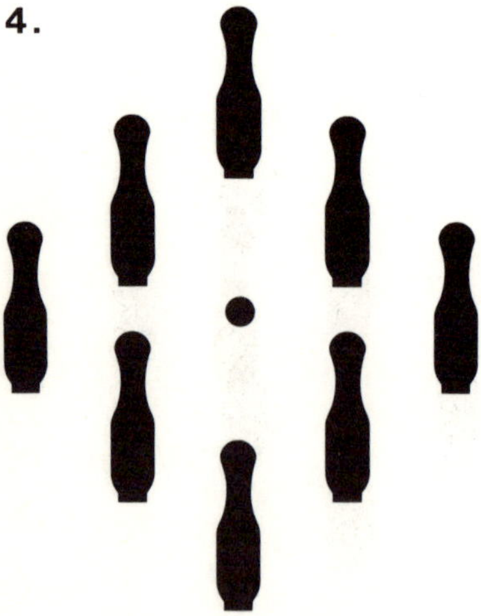

Bild 4
2 Würfe = 30 P.
3 Würfe = 20 P.
4 Würfe = 5 P.

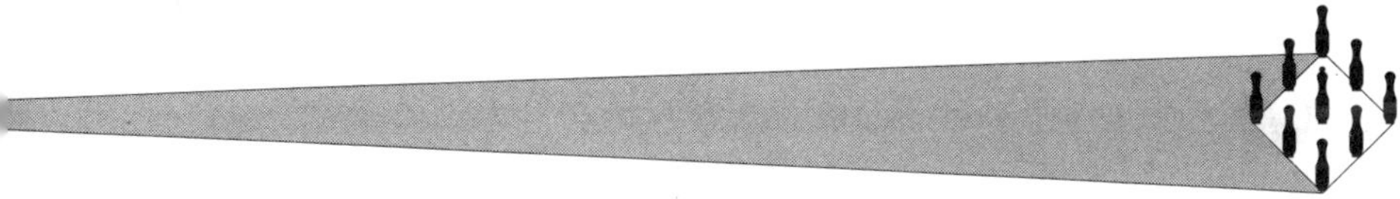

5.

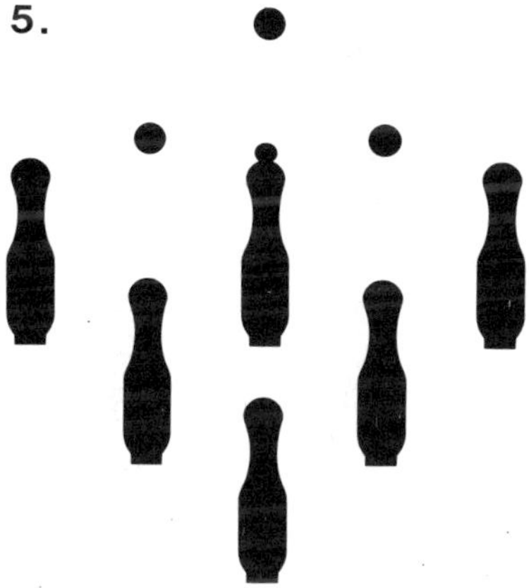

Bild 5
1 Wurf = 30 P.
2 Würfe = 10 P.
3 Würfe = 5 P.

6.

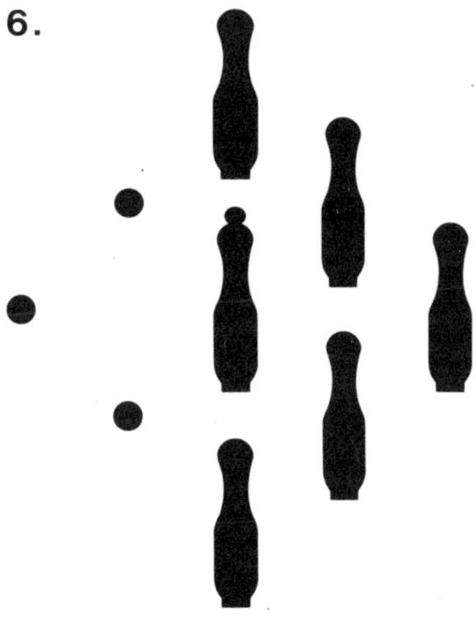

Bild 6
1 Wurf = 30 P.
2 Würfe = 10 P.
3 Würfe = 5 P.

Meisterprüfung

In 12 Bildern sind die Aufgaben dieser Prüfung enthalten. Diesmal kommt es beim Kegeln nicht darauf an, das jeweilige Bild mit möglichst wenig Würfen abzuräumen, sondern mit 2 Würfen pro Bild die Aufgabe so anzugehen, daß dafür die meisten Punkte erzielt werden. Wie gewertet wird, ist bei den jeweiligen Bildern angegeben.
Fällt ein Bild im 1. Wurf ganz, darf nicht noch einmal für den 2. Wurf aufgestellt werden.

In einer Tabelle wird genau Buch geführt, damit am Schluß die Noten verteilt werden können. 204 Punkte sind maximal zu erreichen.

Wertung

Ergebnisse	Beurteilungen
180 bis 204 Punkte	sehr gut
160 bis 179 Punkte	gut
140 bis 159 Punkte	befriedigend
120 bis 139 Punkte	ausreichend
100 bis 119 Punkte	ganz knapp bestanden
unter 100 Punkte	fast bestanden

1.

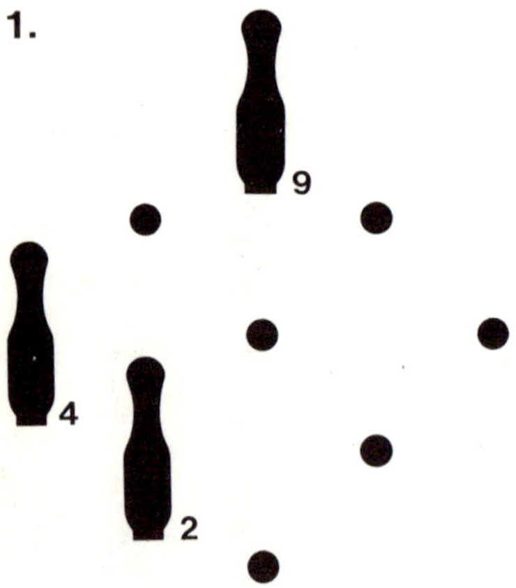

Bild 1
4 allein 15 P.
2 allein 6 P.
9 allein 3 P.

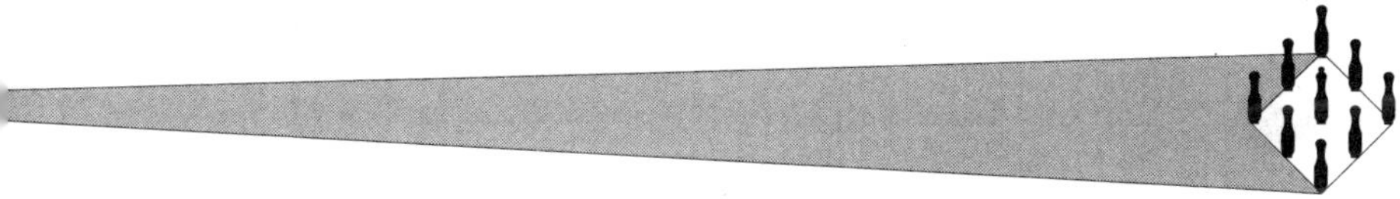

2.

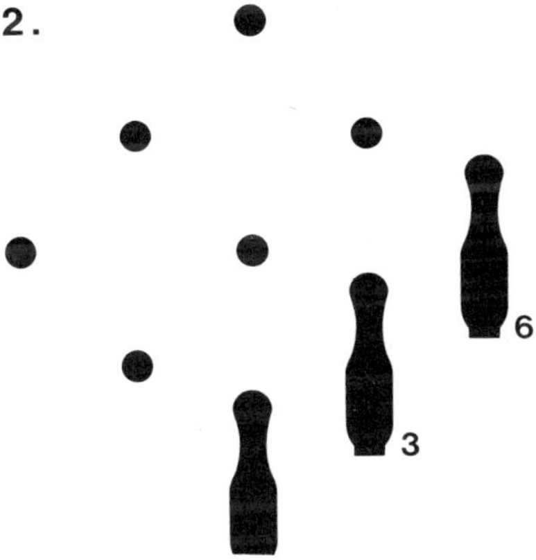

Bild 2
6 allein 15 P.
3 allein 6 P.
1 allein 3 P.

	Gerda	Herbert	Bernd	Ute	Rolf	Sabine
1	21	21				
2	15	21				
3	9	9				
4	9	21				
5	21	0				
6	0	12				
7	15	18				
8	12	15				
9	0	0				
10	8	8				
11	9	12				
12	9	3				
Ergebnis	128	140				

Gerda = ausreichend   Herbert = befriedigend

3.

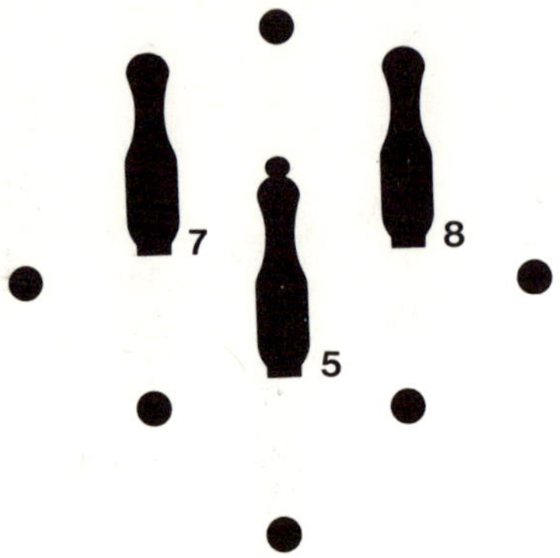

Bild 3
ganzes Bild 12 P.
5 allein 6 P.
7 allein 3 P.
8 allein 3 P.

4.

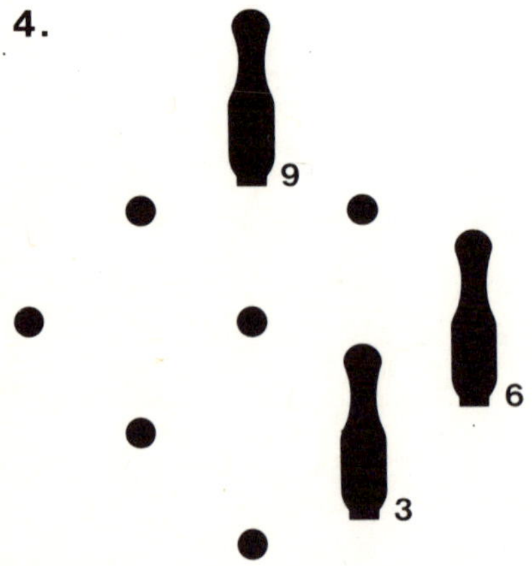

Bild 4
6 allein 15 P.
3 allein 6 P.
9 allein 3 P.

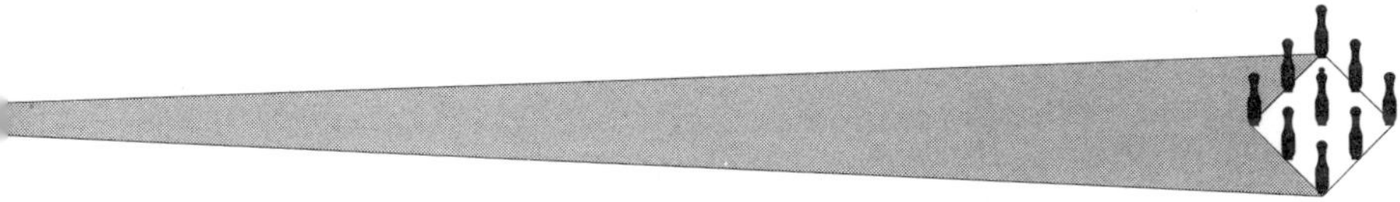

5.

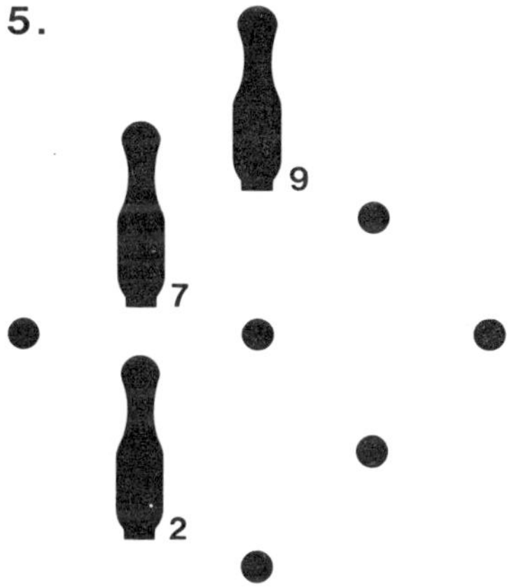

Bild 5
2 allein 15 P.
7 allein 6 P.
9 allein 3 P.

6.

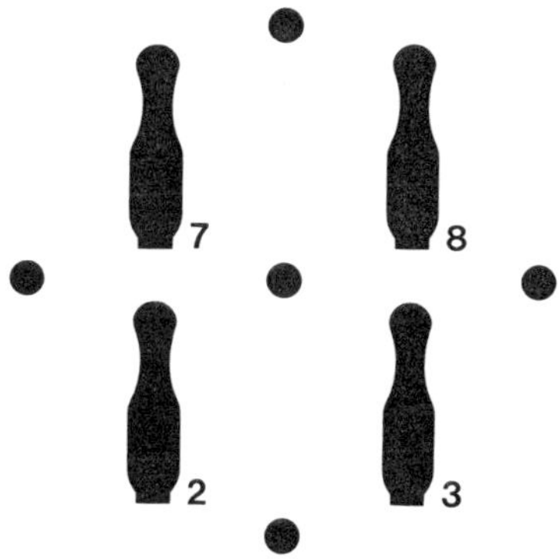

Bild 6
2 und 7 12 P.
3 und 8 12 P.

7.

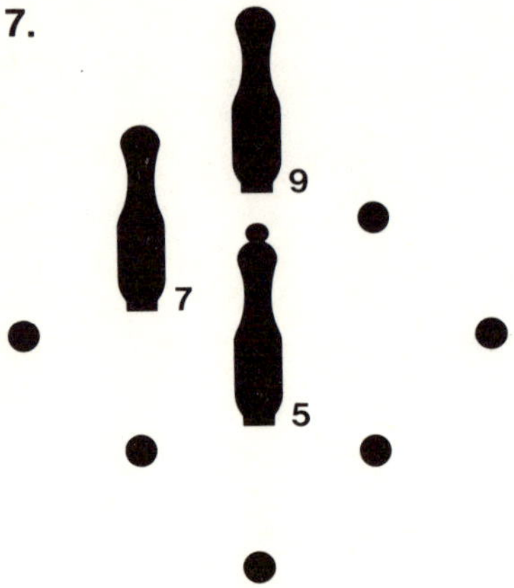

Bild 7
7 allein 12 P.
5 und 9 6 P.
5 allein 3 P.

8.

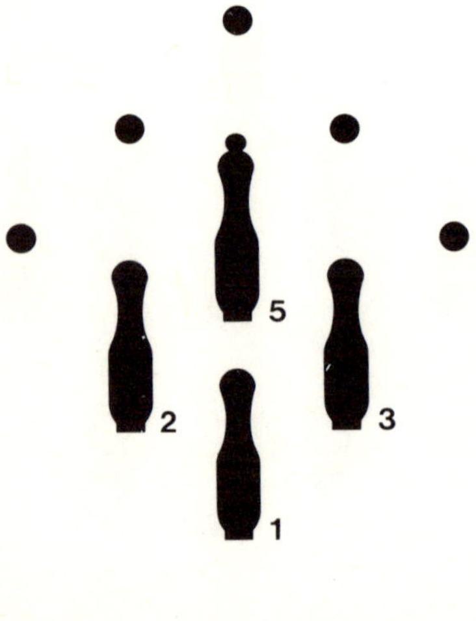

Bild 8
1, 2 und 3 12 P.
5 allein 3 P.

9.

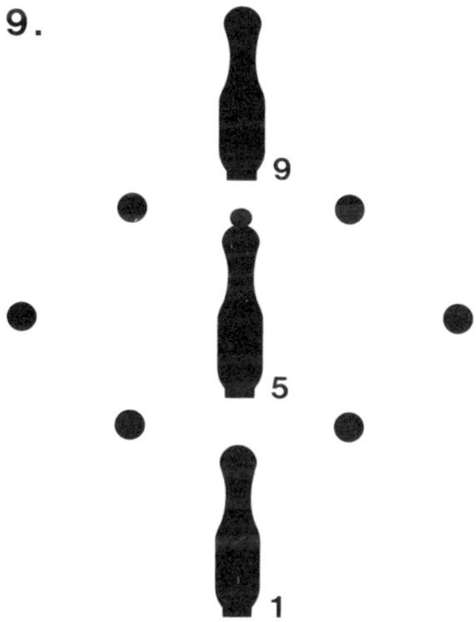

Bild 9
ganzes Bild 12 P.

10.

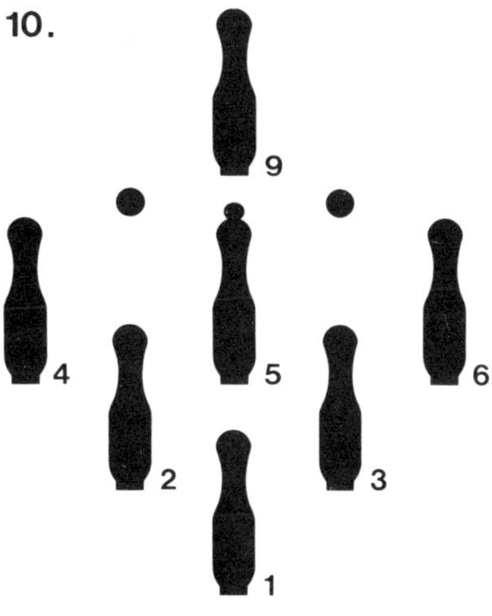

Bild 10
ganzes Bild mit
1 Wurf 12 P.
ganzes Bild mit
2 Wurf 8 P.

11.

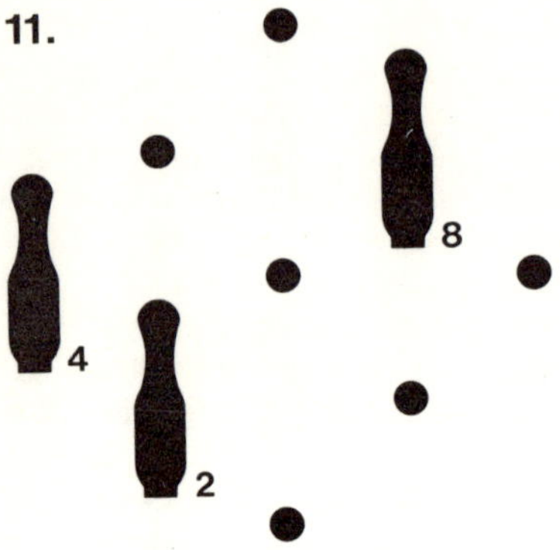

Bild 11
2 und 4 12 P.
4 allein 6 P.
8 allein 3 P.

12.

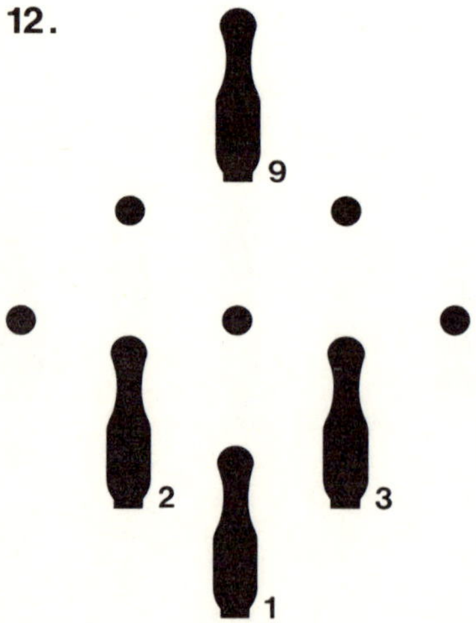

Bild 12
ganzes Bild 12 P.
1 und 9 6 P.
2 oder 3 3 P.

Eisbrecher

Die Fahrt des Eisbrechers führt von vorne nach hinten durch das volle Bild, wobei Vorderholz, König und Hinterholz die »eisfreie« Rinne bilden. Die Stationen sind in 6 Bildern dargestellt. Das ungebrochene Eis, die stehengebliebenen Kegel, soll jeweils mit maximal 4 Würfen weggeräumt werden.

Es wird in 6 Durchgängen gekegelt. Fällt ein Bild mit dem 1. Wurf ganz, ist die Höchstpunktzahl 6 erreicht. Für das Abräumen nach 2 Würfen gibt es dann 4 Punkte, nach 3 Würfen 3 Punkte und nach 4 Würfen noch 1 Punkt. Wird das Bild auch nach 4 Würfen nicht abgekegelt, so gibt es keine Punkte.
Die Zwischenergebnisse nimmt eine Tabelle auf, anhand derer am Ende durch Addition der Punkte der Sieger des Spieles festgestellt wird.
Als Partnerspiel durchgeführt, kegeln die Spieler abwechselnd.

	1	2	3	4	5	6	Ergebnis	1	2	3
Rolf	6	3	–	1	6	3	19			
Dieter	3	6	6	1	4	1	21			
Jürgen	3	4	3	–	6	1	17			
Karin	4	3	1	–	4	6	18			

1.

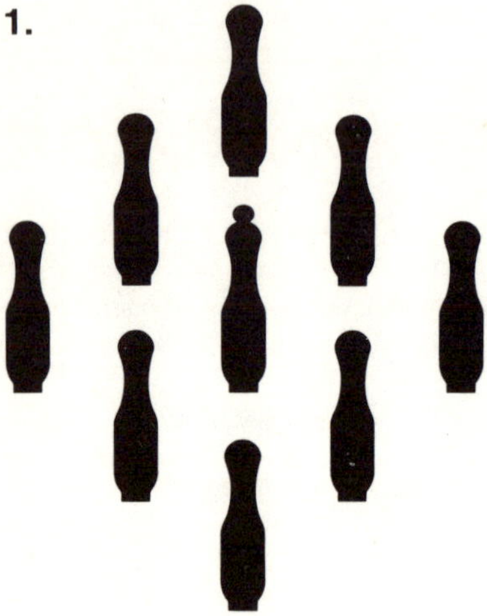

3.

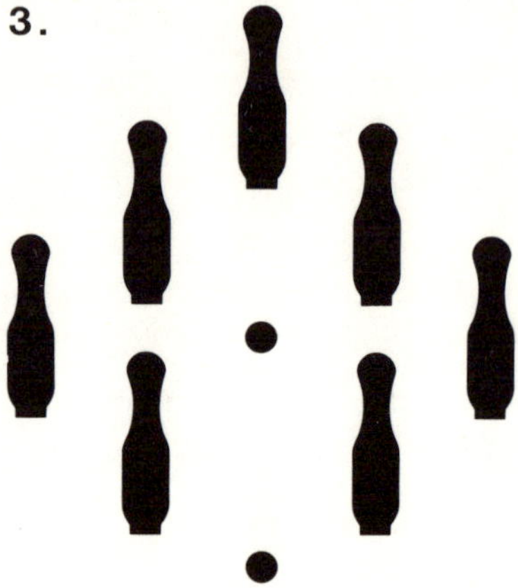

2.

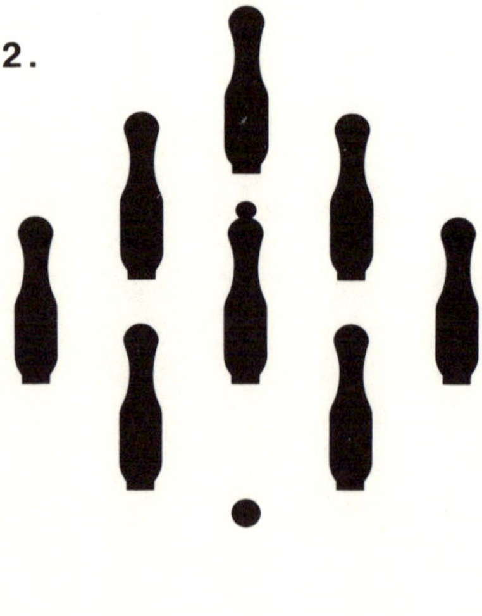

4.

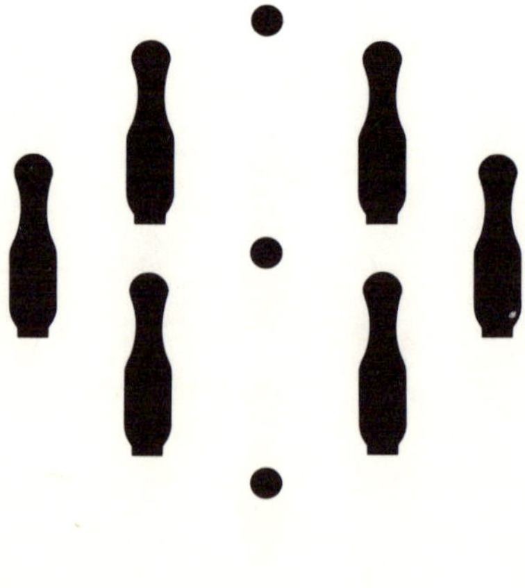

5.

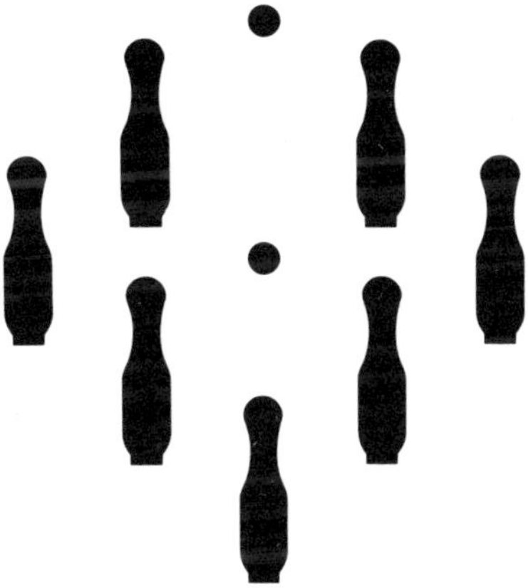

6.

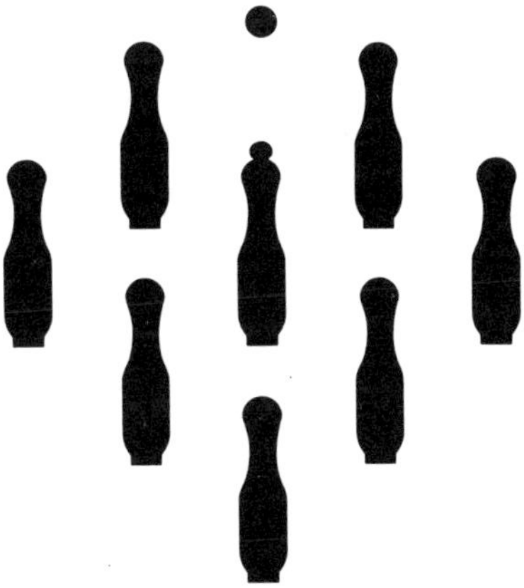

Sonnenfinsternis

Ähnlich dem Verlauf einer Sonnenfinsternis nimmt die Anzahl der Kegel bei den Bildern dieser Partie von links bis zur vollen 9 zu und gleich nach rechts wieder ab. Auf jedes der 9 Bilder darf nur 1 Wurf erfolgen. Wer am Ende die meisten Holz abgekegelt hat, ist Sieger. Die Zwischenergebnisse werden tabellarisch festgehalten.
Dieses Spiel ist auch als Partner- oder Mannschaftswettbewerb durchführbar.

1.

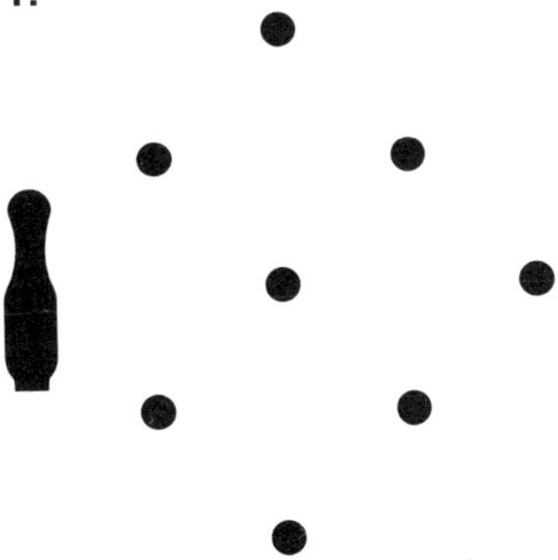

2.

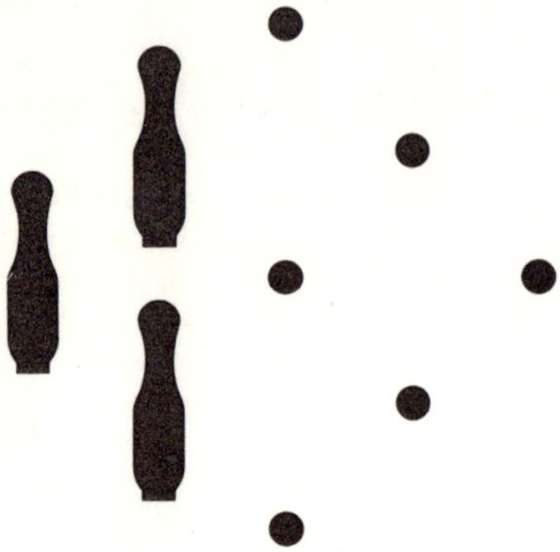

4.

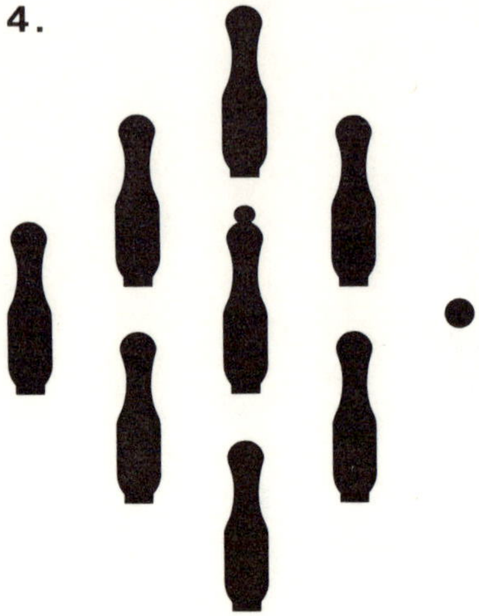

3.

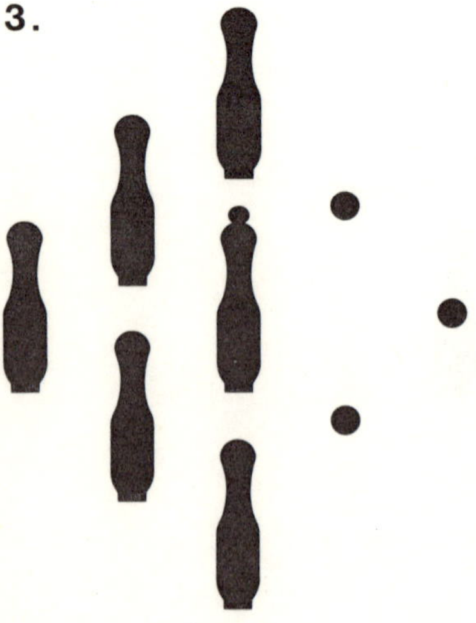

5.

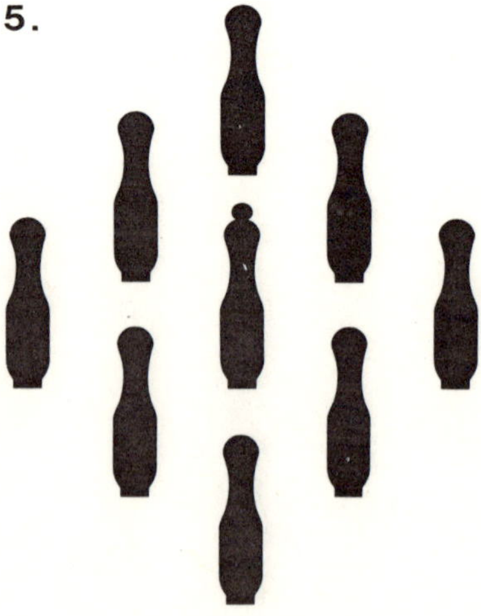

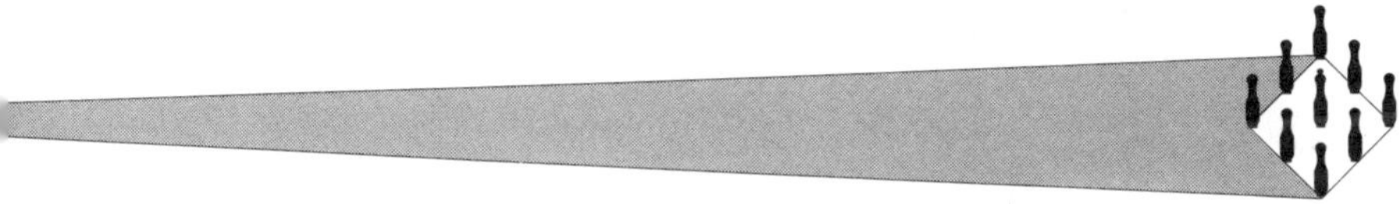

6.

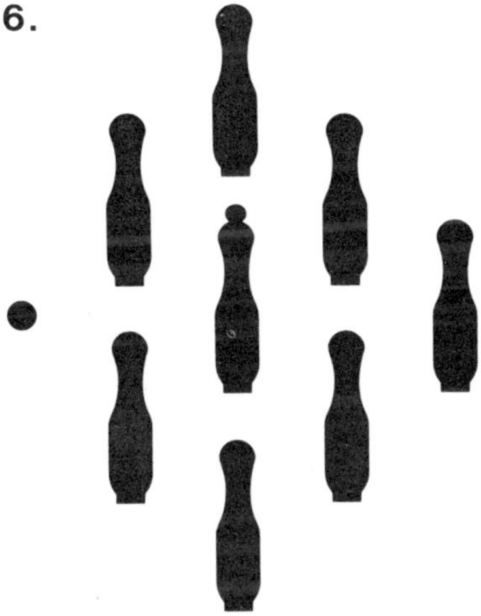

8.

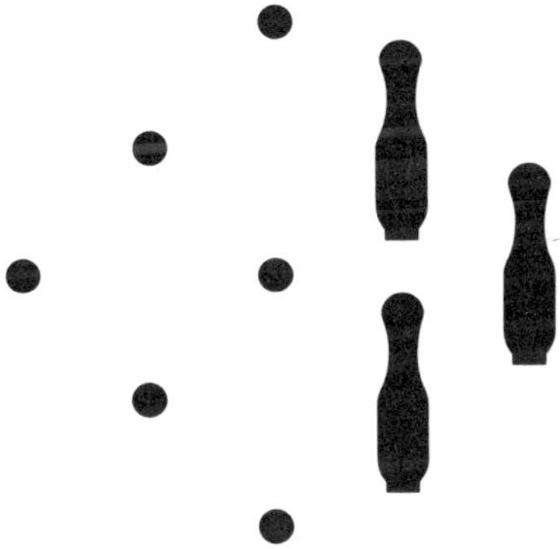

7.

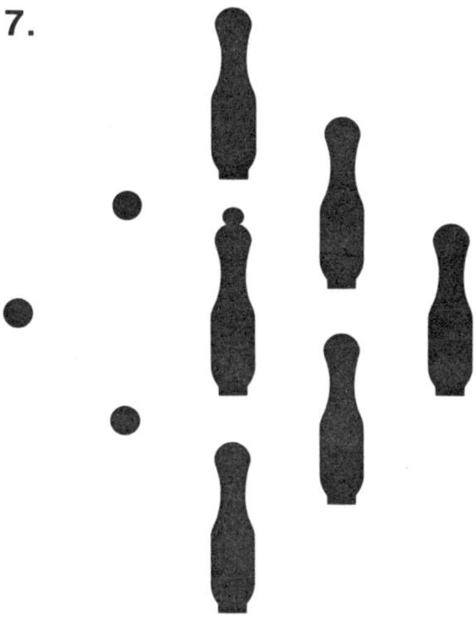

9.

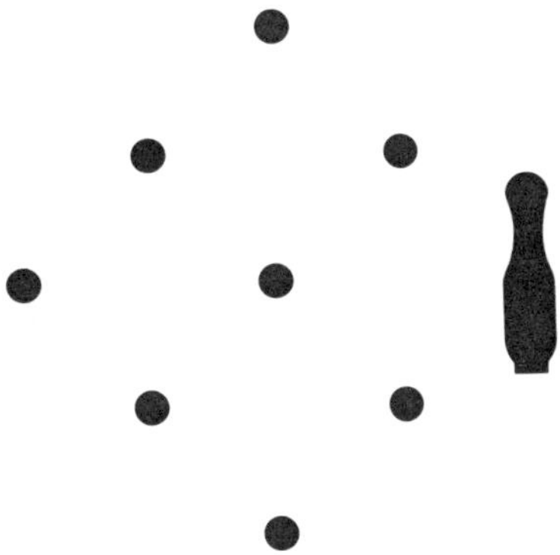

Zunehmender Mond

Wie bei einem zunehmenden Mond der Kreis immer voller wird, so füllt sich auch hier das fast leere Bild schrittweise bis zur vollen 9.

Auf die Einzelbilder 1 bis 9 wird nur je 1 Wurf gemacht. Jedes Holz zählt 1 Punkt. Die Zwischenergebnisse werden in einer Tabelle festgehalten. Der Kegler mit der höchsten Gesamtpunktzahl gewinnt den Durchgang.

Das Spiel läßt sich nach den gleichen Regeln auch als Partner- oder Mannschaftswettkampf durchführen.

1.

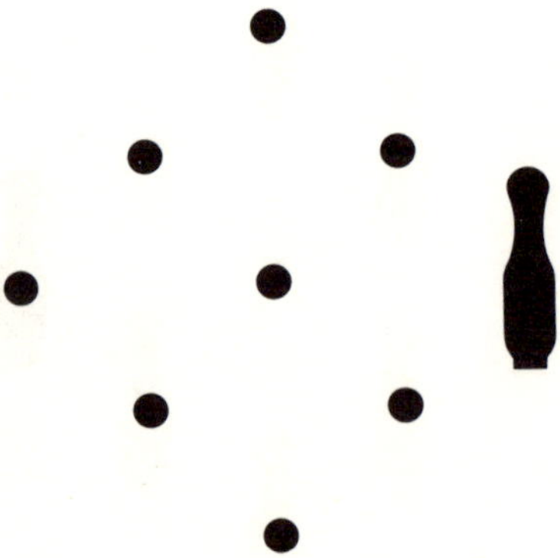

2.

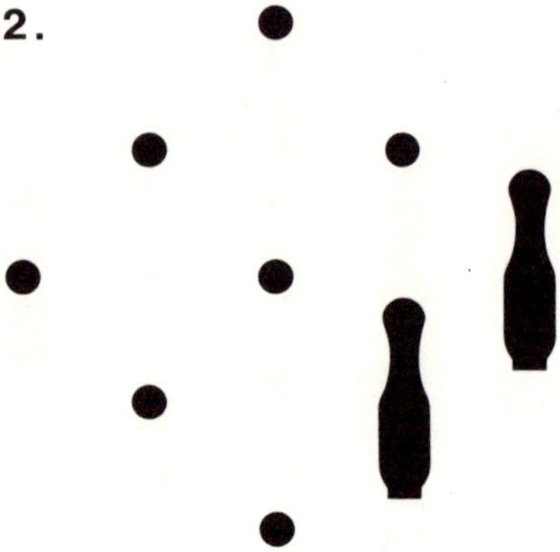

3.

4.

6.

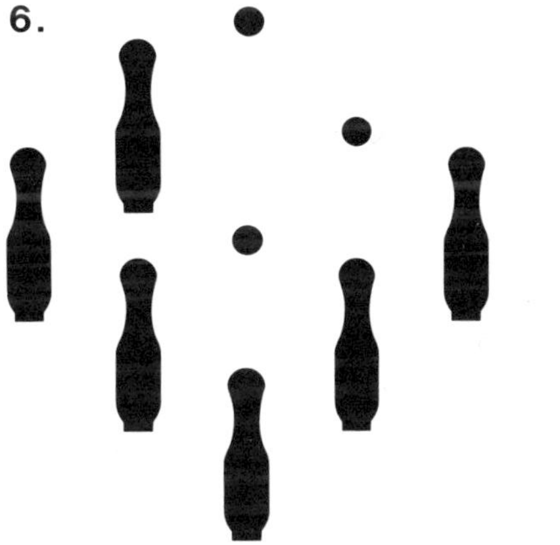

5.

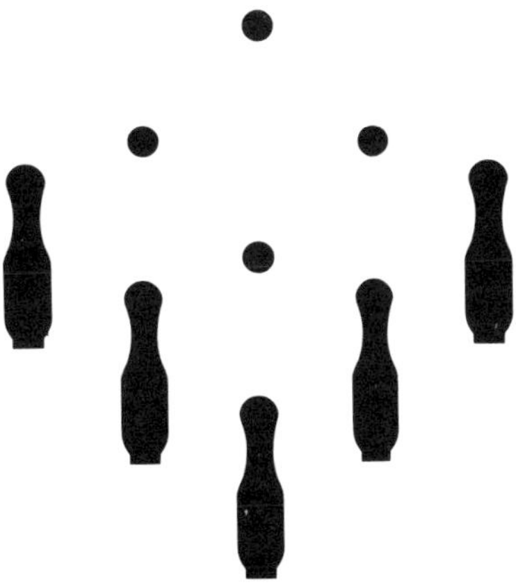

7.

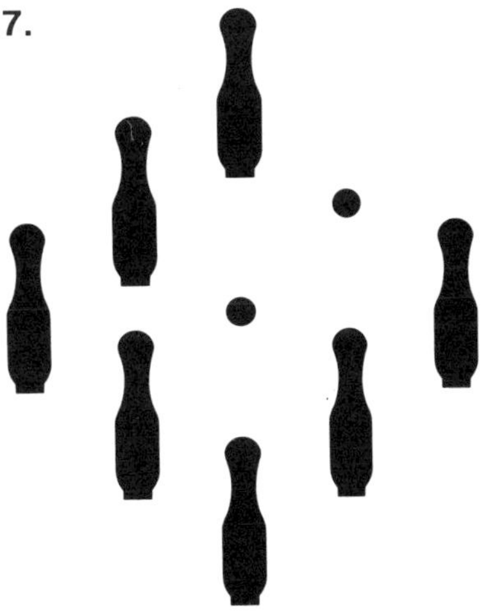

8.

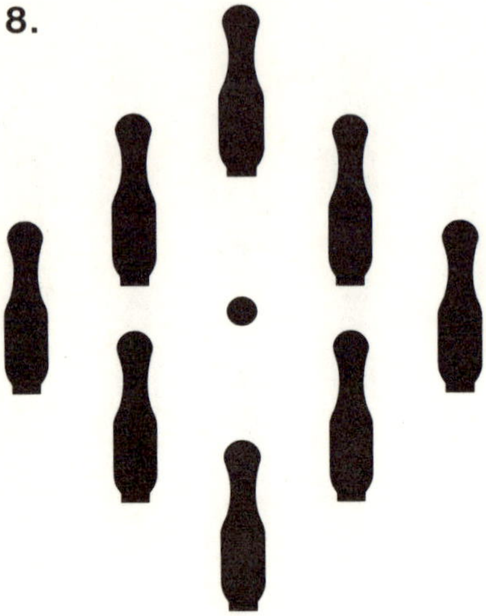

9.

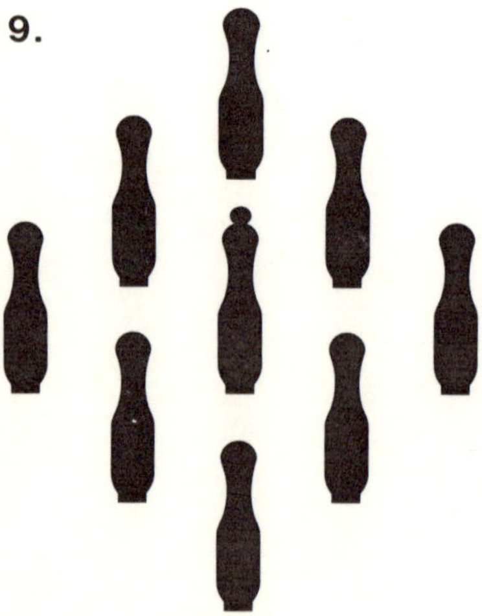

Klassische Fälle

Bei Würfen in die Vollen fallen – wie jeder schon bemerkt haben wird – einige Formationen viel häufiger als andere. Aus solchen 10 Bildern ist die Partie zusammengestellt. 2 Versuche zu je 1 Wurf hat jeder Kegler, um die einzelnen Bilder abzukegeln. Einige werden erstaunt sein, wie oft das doch nicht gelingt, auch wenn man die Aufgabe gezielt angeht.
Gewertet wird jedes ganz gefallene Bild mit 10 Punkten, sonst zählt das gefallene Holz 1 Punkt. Die Einzelergebnisse werden in einer Tabelle festgehalten und ergeben in ihrer Addition am Ende den Sieger.

1.

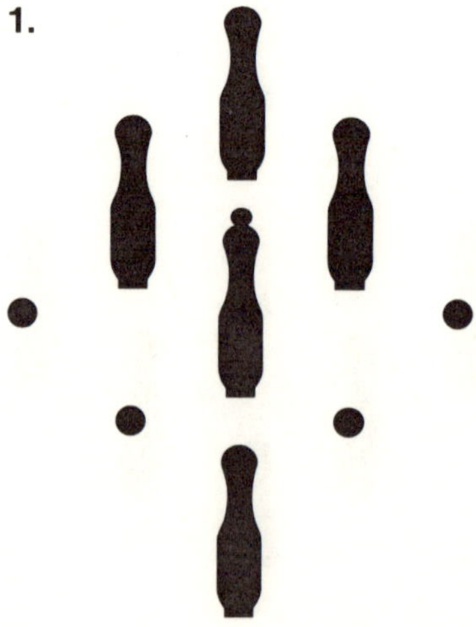

2.

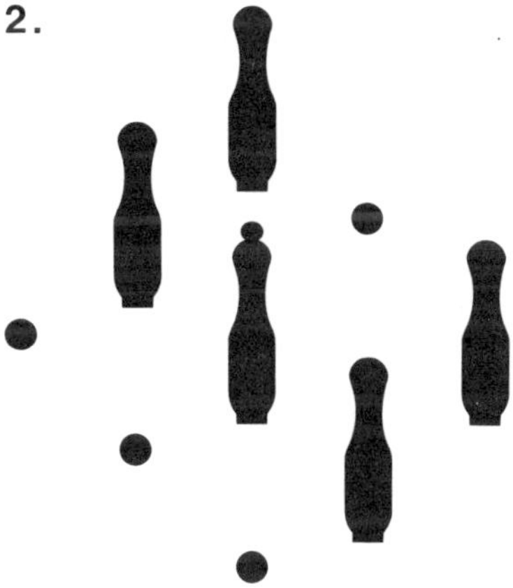

4.

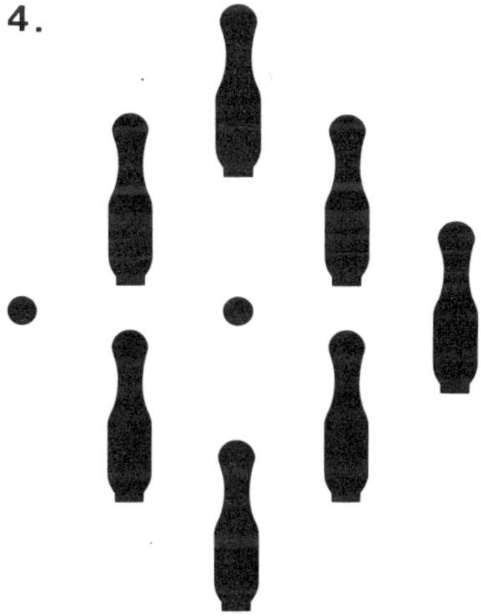

3.

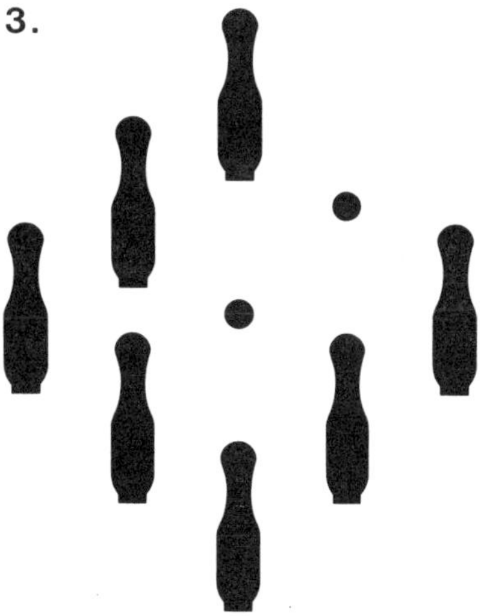

5.

6.

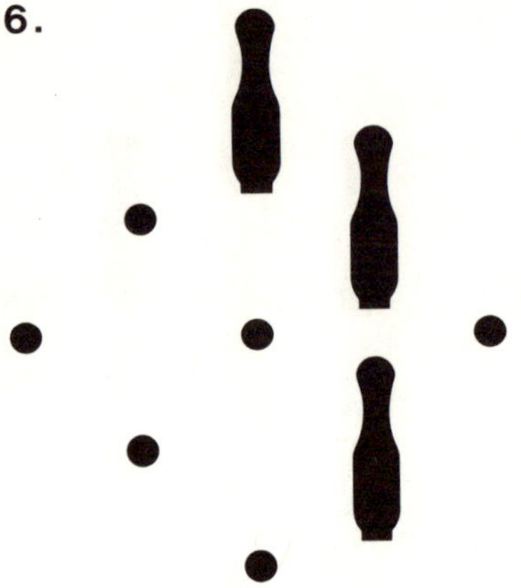

7.

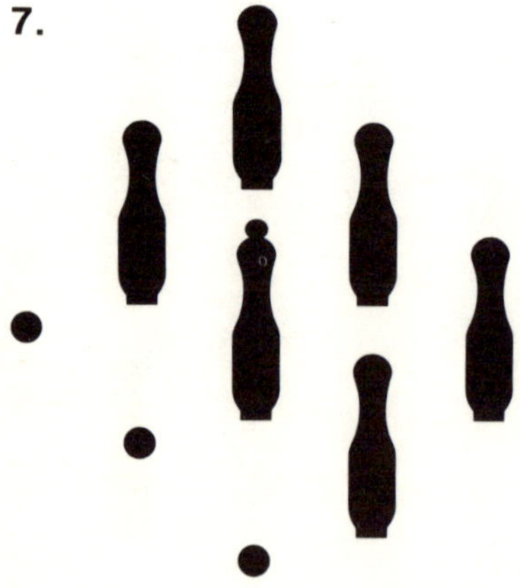

8.

9.

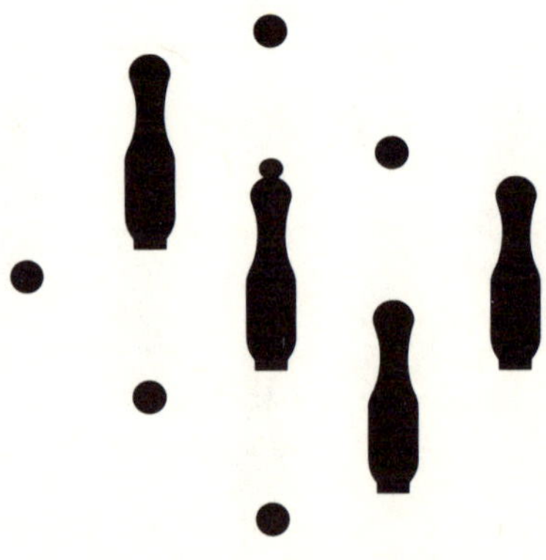

10.

Quadrate

Die 6 Bilder mit quadratischen Kegelanordnungen sind mit je 2 Würfen abzukegeln. Im 1. Wurf gefallene Holz zählen 2 Punkte, im 2. Wurf nur 1 Punkt. Im 1. Wurf ganz abgeräumte Bilder werden mit 10 Punkten bewertet. Eine Tabelle nimmt die Zwischenergebnisse auf. Die höchste Gesamtpunktzahl gewinnt.

1.

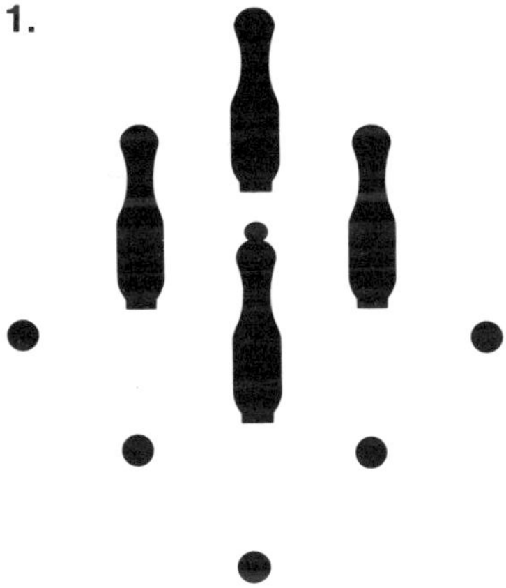

2.

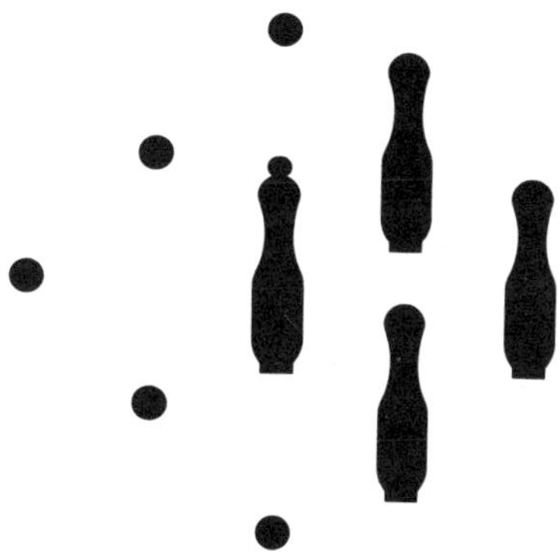

3.

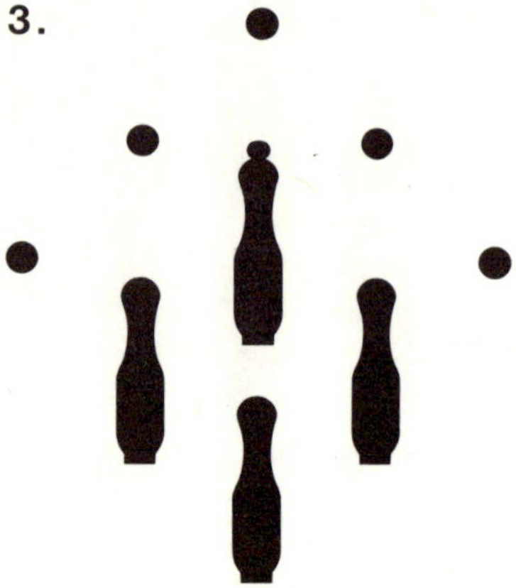

5.

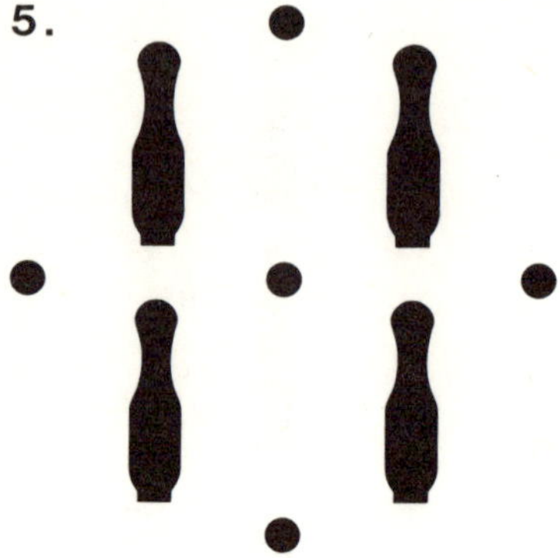

4.

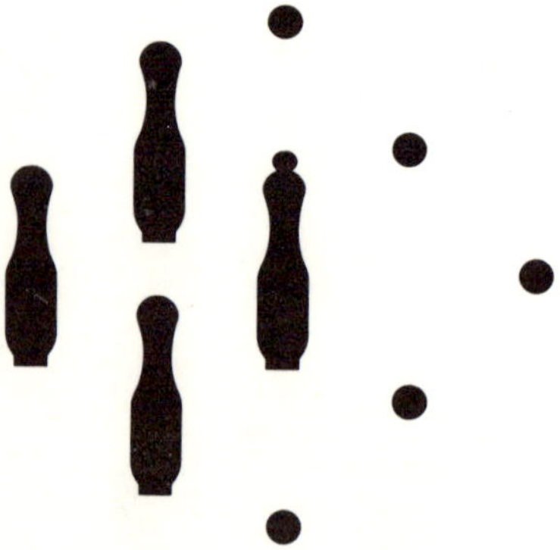

6.

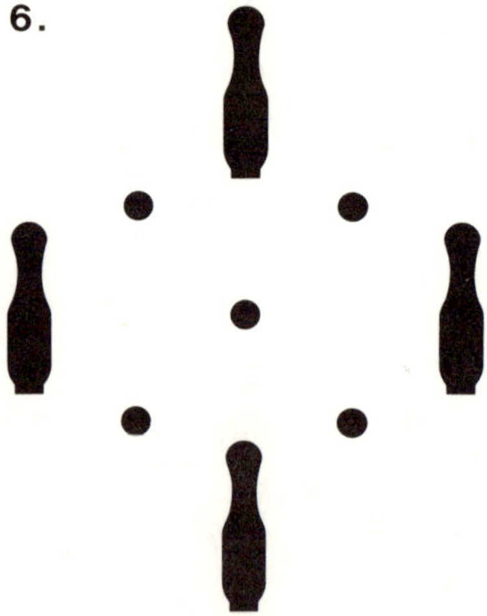

	1		2		3		4		5		6		Ergebnis	1		2	
Ulrich	4	1	6	–	10		2	2	4	1	4	–	34				
Ulrike	6	–	4	1	6	1	10		2	1	4	1	36				
Jens	6	1	10		6	1	2	2	2	1	4	2	37				

Würfelspiel

In 6 Bildern werden die Kegel wie die Punkte auf den Flächen eines Würfels aufgestellt.

Zum Abkegeln aller 6 Bilder stehen 9 Würfe zur Verfügung. Davon entfallen auf die Bilder 1 bis 3 jeweils 1 Wurf und auf die Bilder 4 bis 6 jeweils 2 Würfe. Jedes gefallene Holz zählt 2 Punkte, für stehengebliebene Kegel wird je 1 Punkt abgezogen.
Eine Tabelle nimmt die Zwischenergebnisse auf.

	1	2	3	4	5	6	Ergebnis	1	2
Hiltrud	2	1	6	5	10	12	36		
Alfred	2	4	3	5	7	9	30		
Annette	2	–	6	8	4	6	26		

1.

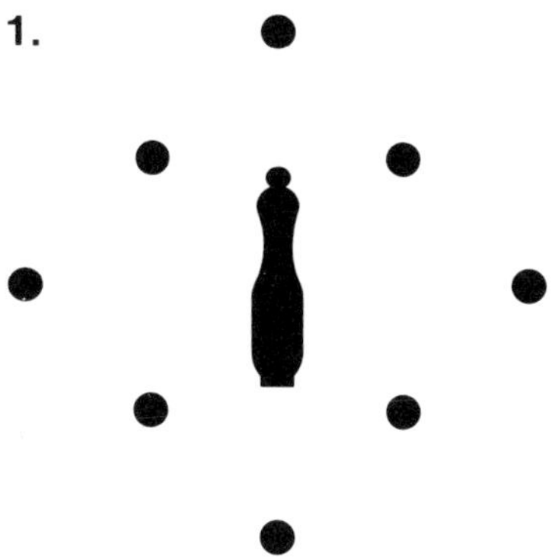

2.

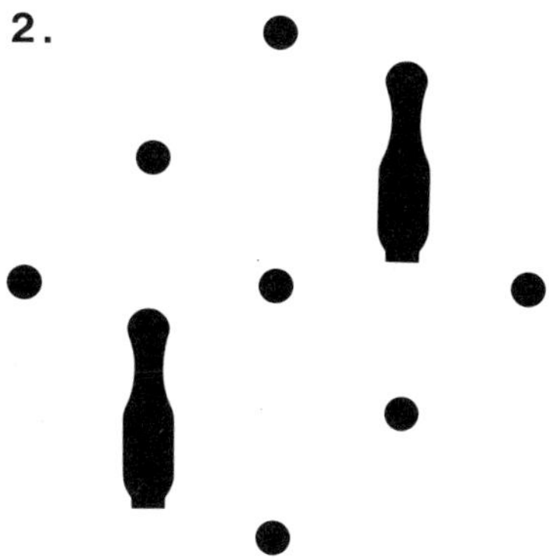

3.

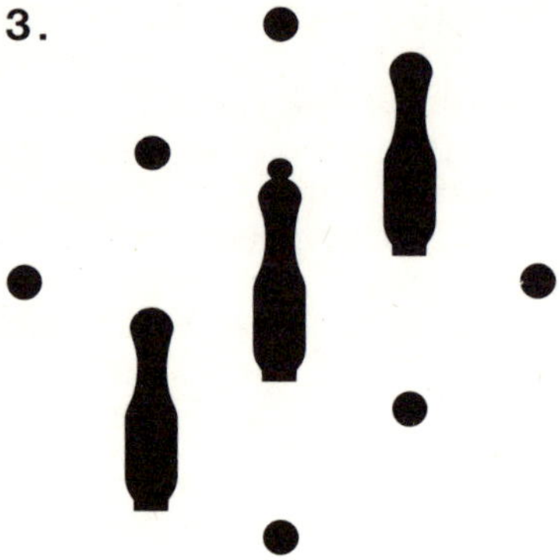

4.

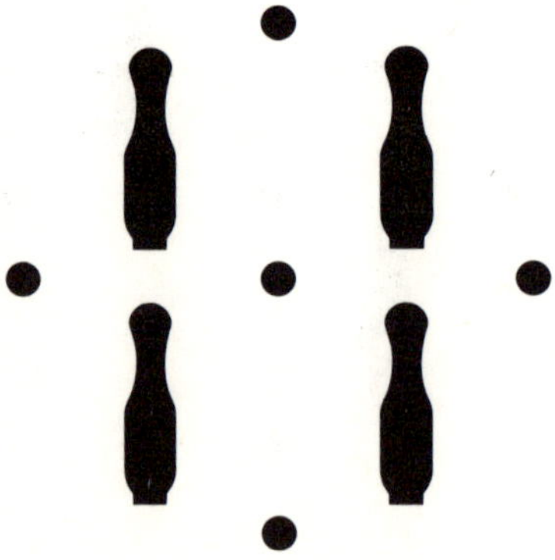

5.

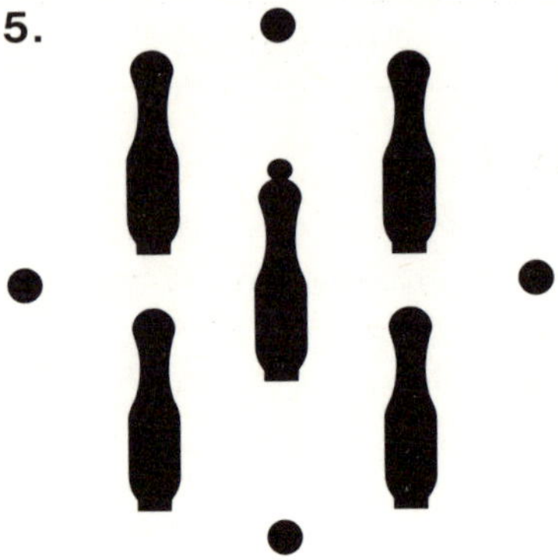

6.

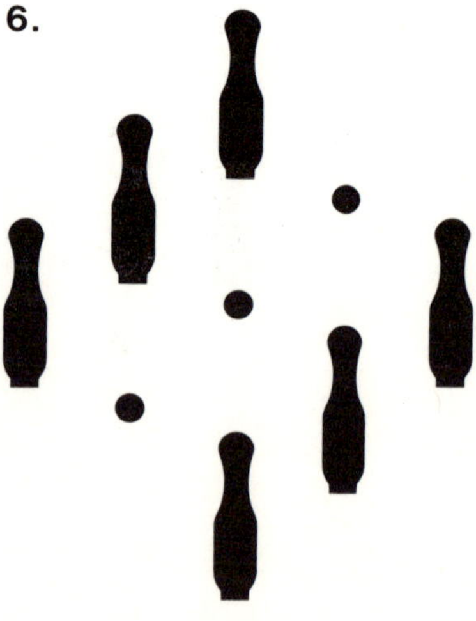

Freie Auswahl

Irgendein Mannschaftsmitglied läßt sich ein Bild seiner Wahl mit mindestens 5 Kegeln aufstellen und kegelt dieses sofort ab. Die Wurfzahl wird festgehalten. Die Gegenmannschaft schickt nun, personelle und taktische Überlegungen sind natürlich erlaubt, einen ihrer Kegler ins Rennen, der dasselbe Bild abkegeln muß. Gelingt das mit weniger Würfen, erhält die Mannschaft für jeden weniger benötigten Wurf 1 Konterpunkt. Gelingt das aber nicht, bekommt die vorkegelnde Mannschaft 2 Siegpunkte.

Nun werden mannschaftlich die Rollen vertauscht, und in diesem Wechselspiel wird so lange gekegelt, bis jedes Mannschaftsmitglied einmal ein selbst gewähltes Bild abgekegelt hat und einmal als Konterkegler eingesetzt worden ist. Bildwiederholungen innerhalb einer Mannschaft sind nicht statthaft. Nach Addition aller Punkte steht die Siegermannschaft fest.

		Siegpunkte	Konterpunkte	Siegpunkte	Konterpunkte
	Josef	0			
	Christel	0			
A	Annette		0		
	Herbert	2			
	Alfred				
	Ulrike		2		
	Manfred		2		
B	Hiltrud				
	Reinhard	2			
	Hildegard		0		

Erläuterung

Josef hat sein ausgewähltes Bild mit 4 Würfen abgekegelt, Ulrike von der Gegenmannschaft benötigte dafür nur 2. Damit hat Josef Null Siegpunkte, Ulrike dagegen 2 Konterpunkte erzielt.

Reinhard hat 2 Siegpunkte erhalten, weil Annette die gleiche oder eine höhere Wurfzahl für das von ihm ausgesuchte Bild benötigte. Annette bekommt somit Null Konterpunkte.

Ankerwurf

Die 4 abgebildeten Ankerbilder sind mit jeweils 4 Würfen abzukegeln.
Mit zunehmender Wurfzahl verringern sich die Punkte

Wertung

Benötigte Würfe	Punkte
1	6
2	4
3	2
4	1

Durch Addition der 4 Zwischenergebnisse wird der Sieger oder die Siegermannschaft ermittelt.

1.

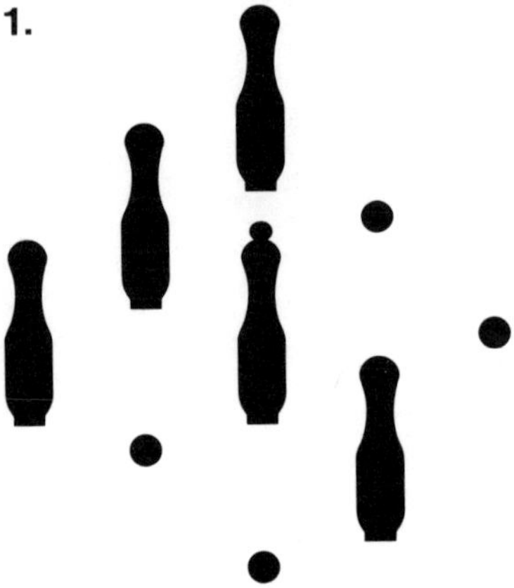

2.

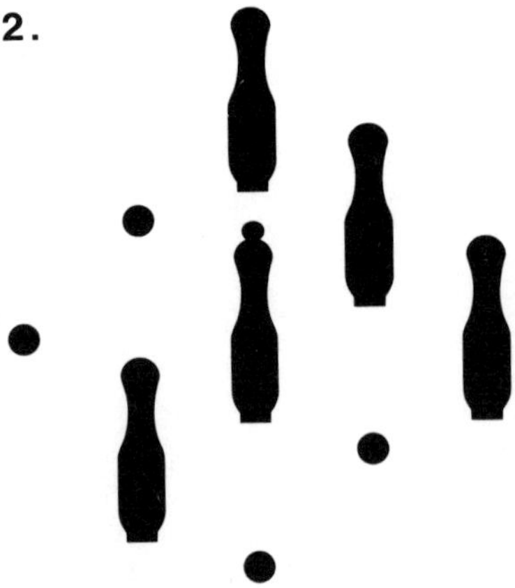

3.

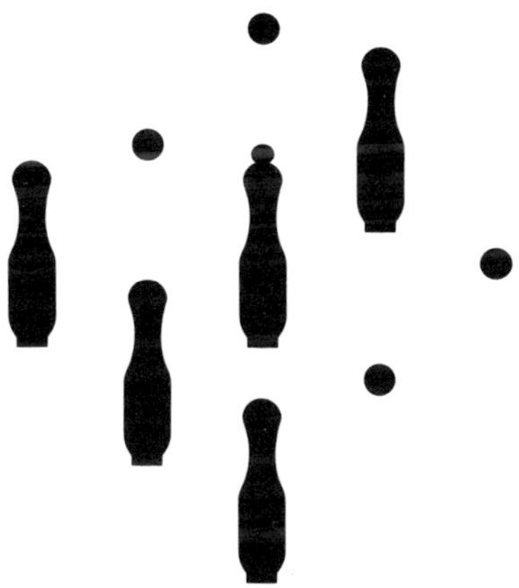

4.

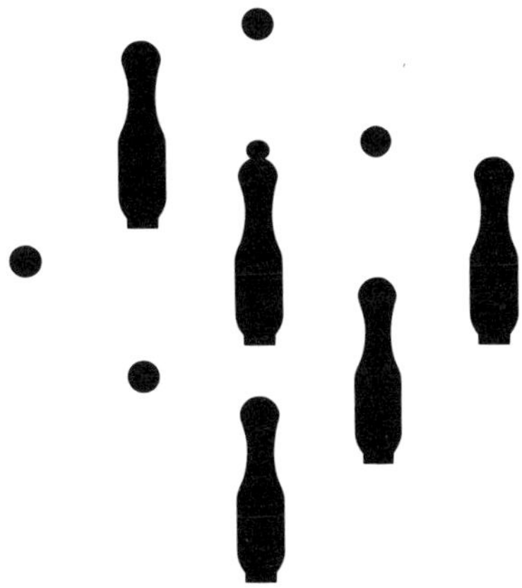

Detmolder Partie

Die 12 Bilder sind mit jeweils 2 Würfen abzukegeln. Die unterschiedlichen Schwierigkeitsgrade der Kegelaufgaben werden bei der Wertung durch gestaffelte Punktsätze berücksichtigt.
Für die Bilder 1 bis 4 werden bei erfolgreichem Abkegeln 10 Punkte, für die Bilder 5 bis 8 20 Punkte und für die Bilder 9 bis 12 30 Punkte vergeben.
Wird ein Bild nur teilweise abgeräumt, erhält der Kegler für jedes gefallene Holz lediglich 1 Punkt.
Gelingt das Abkegeln eines Bildes schon beim 1. Wurf, darf noch einmal neu aufgestellt werden, um mit dem 2. Wurf noch Punkte zu erzielen.
In einer Namenstabelle mit Feldern für die 12 Zwischenergebnisse werden die Punkte notiert und am Ende addiert.

	Ute	Peter	Karin	Rudolph	Katharina	Sebastian
1	10	10				
2	10	3				
3	3	10				
4	2	10				
5	4	20				
6	20	20				
7	4	2				
8	20	20				
9	30	4				
10	5	4				
11	3	30				
12	30	4				
Ergebnis	141	137				

1.

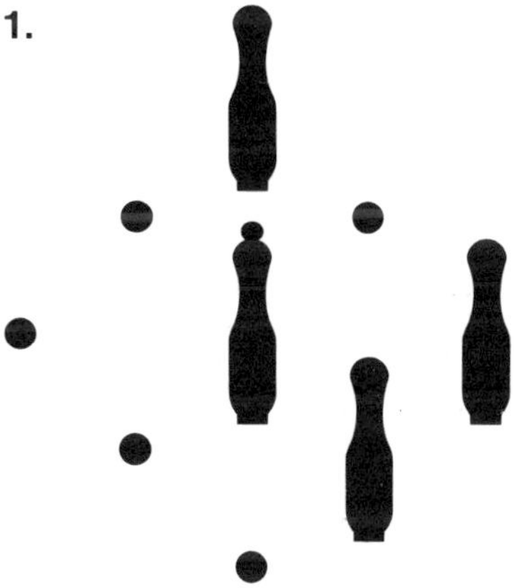

3.

2.

4.

5.

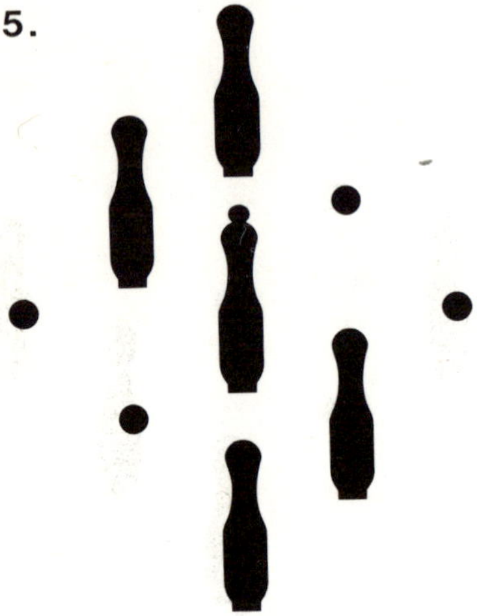

7.

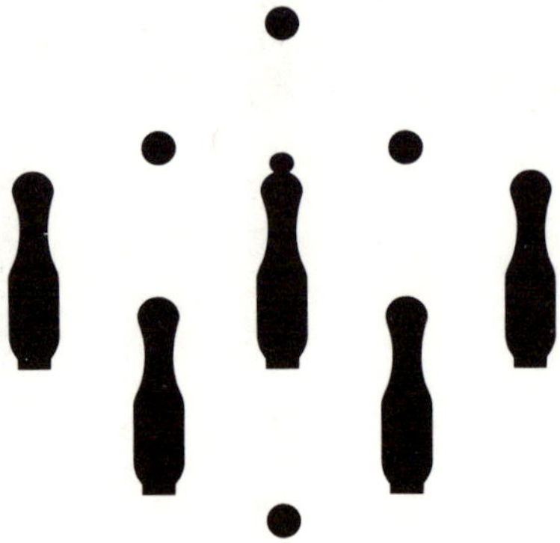

6.

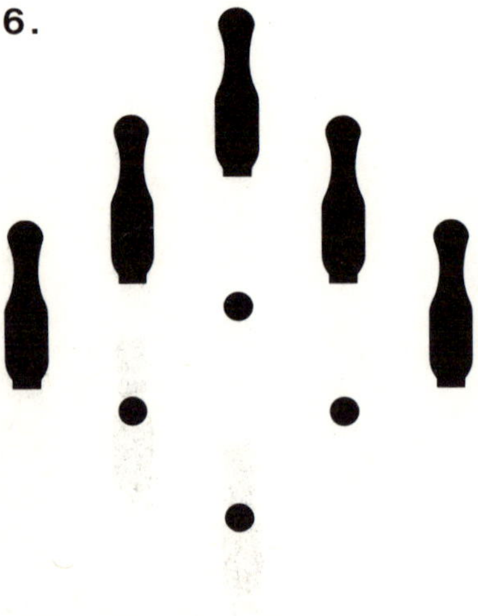

8.

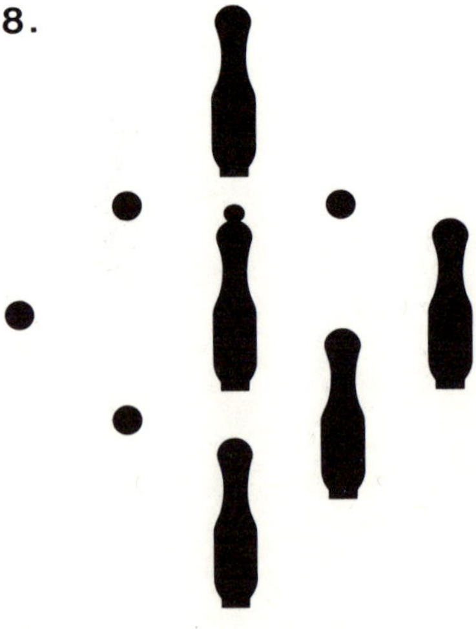

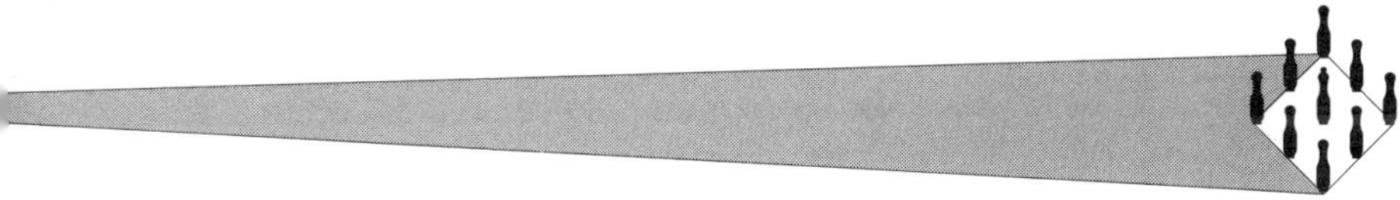

9.

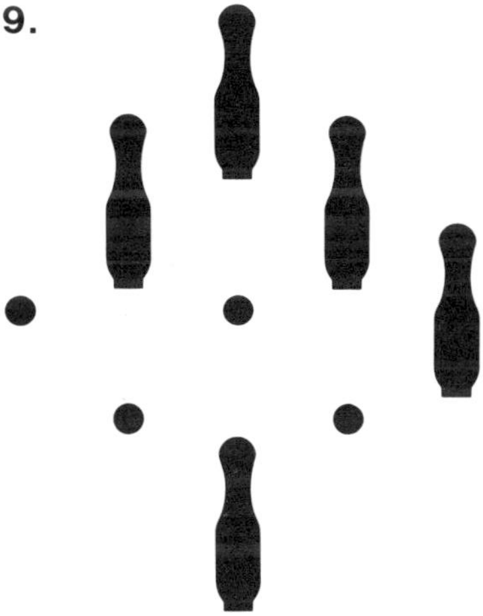

11.

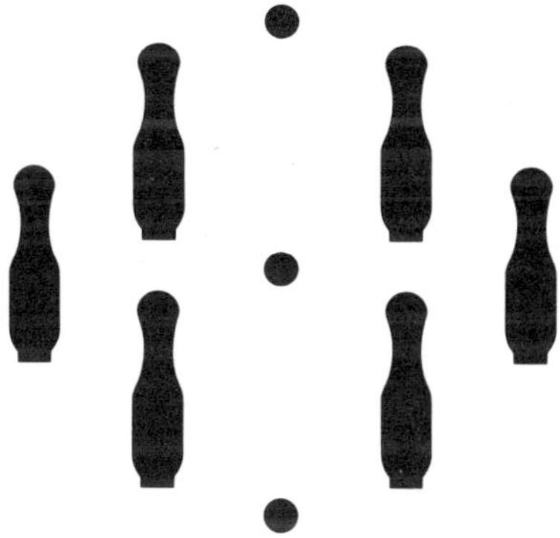

10.

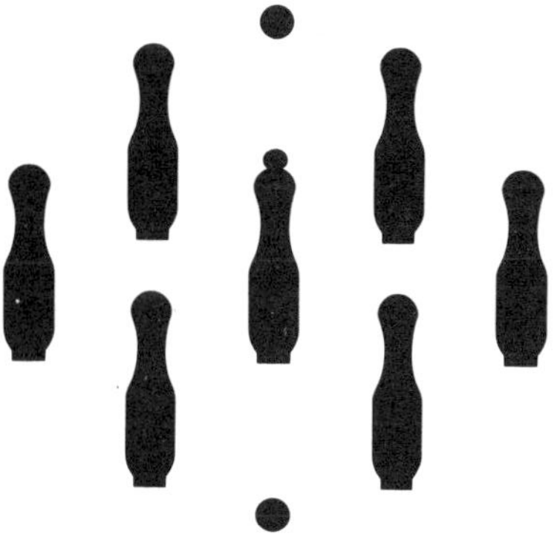

12.

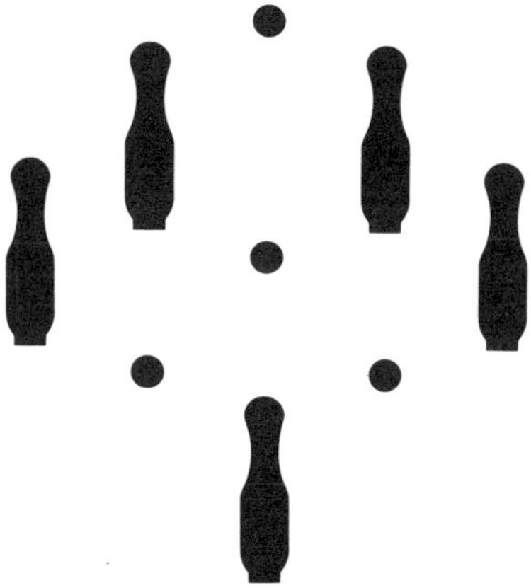

Zwei auf einen Streich

In diesem Kegelspiel hat die Kugel 2 Aufgaben zu erfüllen. Sie soll zum einen das Vorderholz so treffen, daß die linke Hinterdame von ihm umgeworfen wird, zum anderen selbst die rechte Hinterdame umkegeln. Dasselbe soll dann seitenvertauscht durchgeführt werden. Für jede Seite hat der Kegler 3 Würfe, also 6 Würfe insgesamt.
Fallen alle 3 Kegel nach Vorschrift, werden 3 Punkte, fallen nur 2 Kegel, wird 1 Punkt angerechnet.
Maximale Punktzahl wäre somit bei 6 Durchgängen 18. Eine Punktetabelle könnte hilfreich sein.

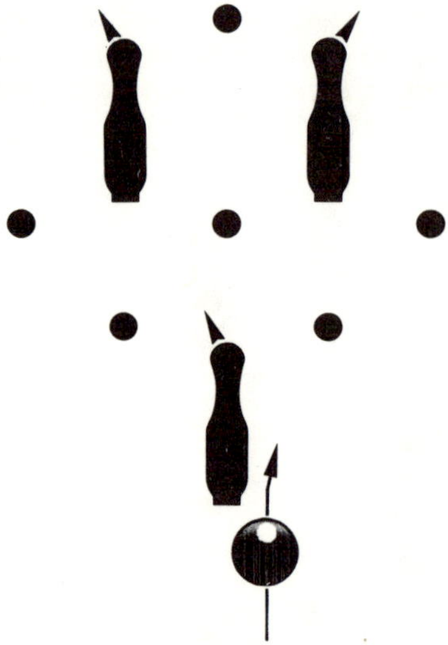

Bauernbillard

Das Spiel wird in 2 Runden auf unterschiedliche Bilder ausgetragen.
In der *1. Runde* stehen nur das Vorderholz und der linke Bauer.

Jeder hat 5 Versuche, das Bild mit jeweils 1 Wurf abzukegeln. Das wird nur gelingen, wenn das Vorderholz an der richtigen Stelle getroffen wird, damit es nach links schleudert und den Bauern umwirft.
In der *2. Runde* wird das Vorderholz und der rechte Bauer aufgestellt.
Das Kegeln gleicht dem der 1. Runde, lediglich die Seiten sind getauscht.
Wem diese Kunstwürfe am häufigsten gelungen sind, der ist Sieger.

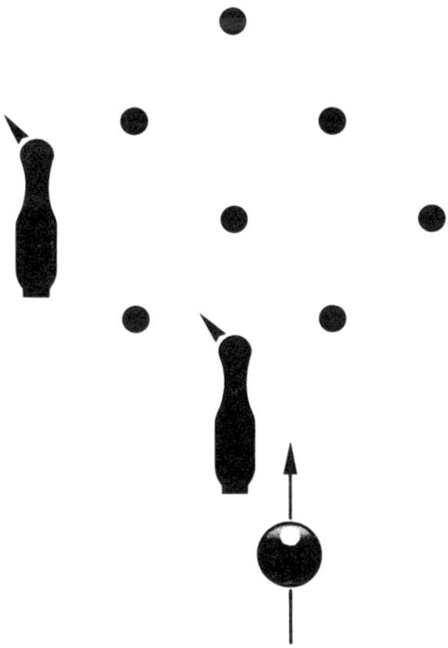

Elfmeter

Für dieses dem Fußball entlehnte Spiel werden die Kegel 1, 7 und 8 aufgestellt (siehe Abbildung).
Das *Tor* bilden die beiden *Hinterdamen,* der *Ball* ist das *Vorderholz.*

Die Aufgabe besteht darin, mit der Kugel das Vorderholz so anzukegeln, daß es durch die beiden Hinterdamen hindurchgeschleudert wird, ohne diese umzuwerfen. Dafür erhält der Kegler 1 Punkt. Läuft auch die Kugel in gleicher Weise durch das Tor, wird ein 2. Punkt vergeben.
Jeder Kegler hat 5 Versuche. Die maximale Ausbeute kann demnach aus 10 Punkten bestehen.

Spiel 150

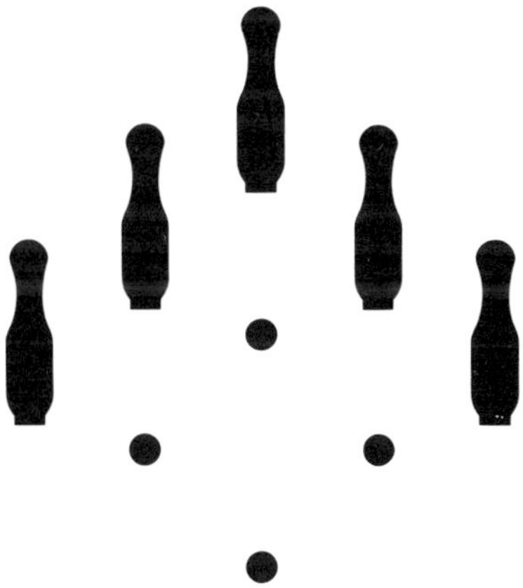

Die 5 Kegel des Bildes sind mit maximal 7 Würfen *einzeln* abzukegeln. Die Reihenfolge spielt dabei keine Rolle. Pro Holz werden 10 Punkte gutgeschrieben. Würfe, in denen mehr als 1 Holz fällt, werden mit 10 Punkten, Pumpen und Würfe ins Leere sogar mit 20 Punkten Abzug geahndet. Es kann also ein Pechvogel durchaus mit einem Minusergebnis abschließen. Da jedoch in 3 Durchgängen gekegelt wird, wobei maximal 150 Punkte erzielt werden können, ist auch in solch einem Fall noch nicht alles verloren.

Plus- und Minuspunkte werden während des Kegelns gleich verrechnet und in einer Tabelle notiert.

Wird das Spiel als Partnerwettkampf durchgeführt, wechseln sich die Spieler mit dem Werfen ab.

	1	2	3	Ergebnis	1	2	3	Ergebnis
Alfred	50	50	20	120				
Annette	20	50	-20	50				
Josef	50	50	50	120				
Ulrike	-20	-20	20	-20				
Christel	10	50	20	80				

3 plus 1

Erwischt man beim Abräumen aus den Vollen das Vorderholz nicht, bleiben – je nach Wurfansatz in die rechte oder linke Gasse – überwiegend folgende beiden Viererbilder stehen:

1.

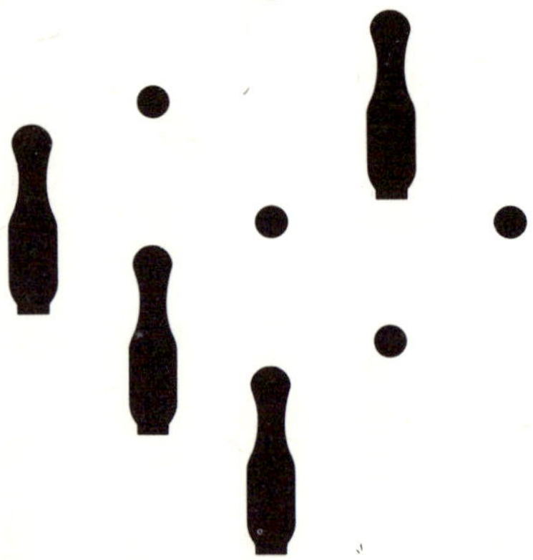

2.

Wenigstens im 2. Wurf dann vollständig abzuräumen, ist wohl das Ziel eines jeden Keglers. Das genau ist auch hier die Aufgabe.
Dazu bieten sich aber 2 Möglichkeiten an:
1. Man wirft in die Gasse zwischen Vorderholz und Vorderdame und hofft, daß die jeweilige Hinterdame mitfällt.

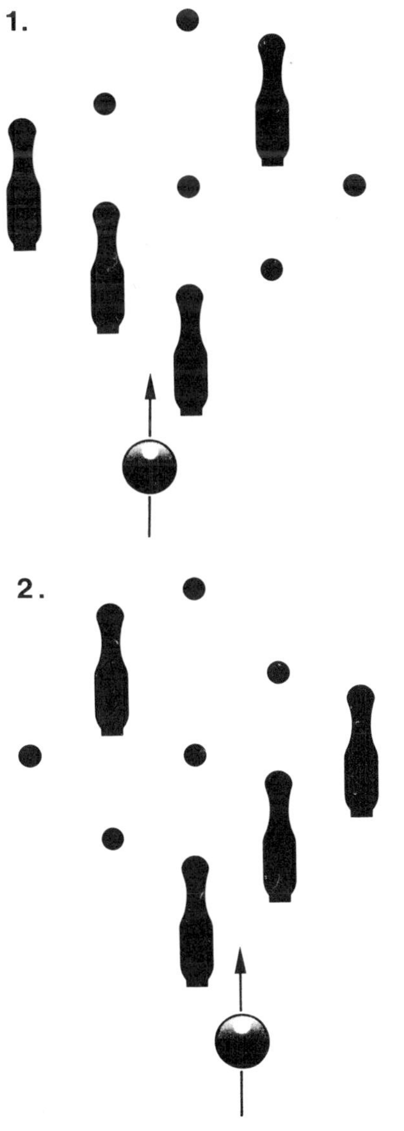
1.
2.

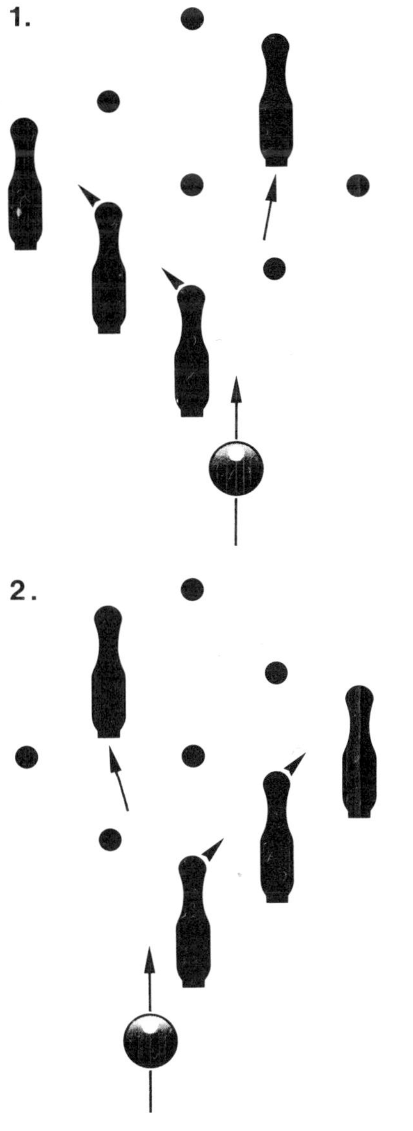
1.
2.

2. Man schneidet das Vorderholz links beziehungsweise rechts so an, daß Vorderdame und Bauer vom Vorderholz umgerissen werden und die Kugel die Hinterdame abkegelt.
Jeder Kegler hat pro Bild 6 Würfe, 3 Würfe für die 1. und 3 Würfe für die 2. Wurfmethode. Für jeden geglückten Versuch erhält er 8 Punkte, sonst zählt das gefallene Holz nur 1 Punkt. Der Wettkampf wird für die beiden Bilder getrennt durchgeführt. Es ist vorher zu klären, mit welcher Wurfmethode begonnen werden soll.
Eine Tabelle nimmt die Wurfergebnisse auf.

		Herbert	Peter	Inge	Klaus	Ulrich	Brigitte
1. Bild	Gasse	8	3	3	8		
		8	3	2	8		
		2	8	–	8		
	Schnitt	8	1	8	3		
		8	8	8	8		
		1	3	–	3		
2. Bild	Gasse	8	2	1	8		
		2	3	8	3		
		8	3	8	3		
	Schnitt	8	8	2	3		
		1	2	3	8		
		3	1	8	8		
Ergebnis		65	45	51	71		

Zwillinge

Bei allgemeinen Abräumspielen bleiben nicht selten die 6 Zwillinge, wie sie in den Bildern 1 bis 6 aufgestellt sind, stehen. Um sie jeweils mit 1 Wurf abzukegeln, bieten sich 2 Möglichkeiten an. Zum einen kann man versuchen, die beiden Kegel in der Mitte zu treffen, zum anderen den jeweils vorderen Kegel so anzuschneiden, daß dieser das schräg dahinter stehende Holz mit umwirft. Die zuletzt beschriebene Möglichkeit dürfte die schwierigere sein.

1.

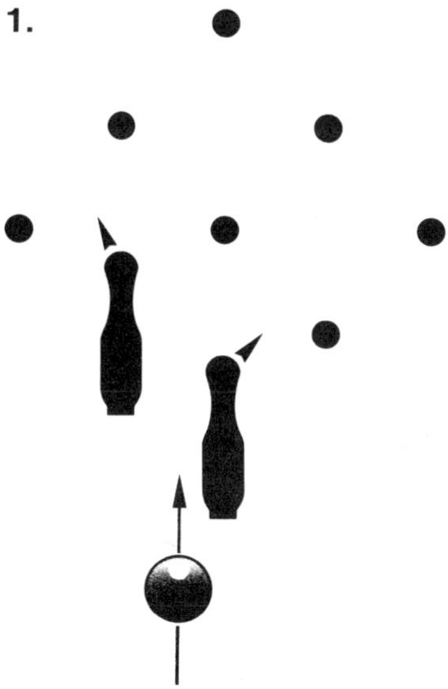

2.

Jeder Kegler hat die Aufgabe, auf beide Arten die Zwillingsbilder abzuräumen. Es ist vorher festzulegen, mit welcher Methode begonnen wird. Für jeden gelungenen Versuch gibt es 1 Punkt. 2 Erfolge bei *einem* Bild werden mit einem Zusatzpunkt belohnt.
Beim Anschneiden darf die Kugel nur den vorderen Kegel berühren, sonst ist der Wurf ungültig.
Das Spiel wird in 6 Durchgängen zu je 2 Wurf gekegelt. Die höchste Punktzahl gewinnt.

1.

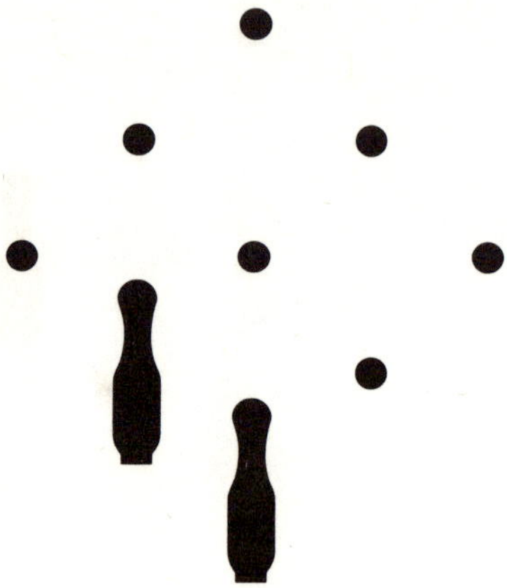

2.

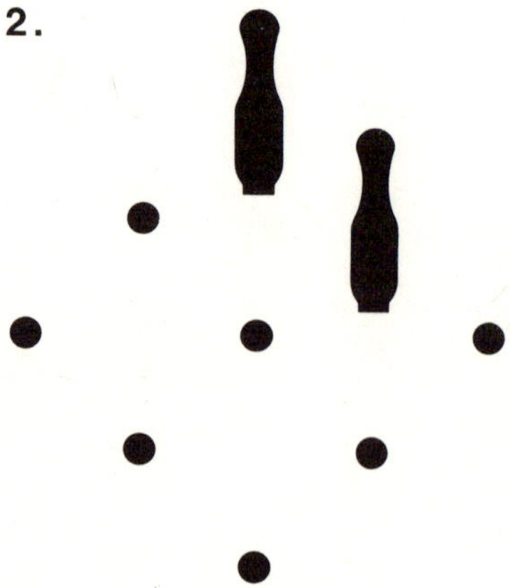

3.

4.

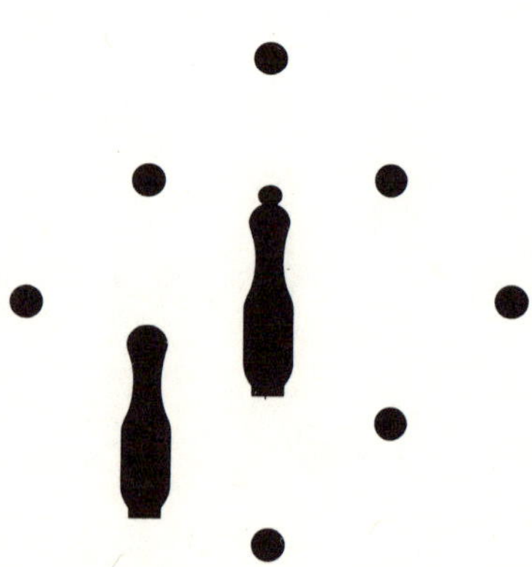

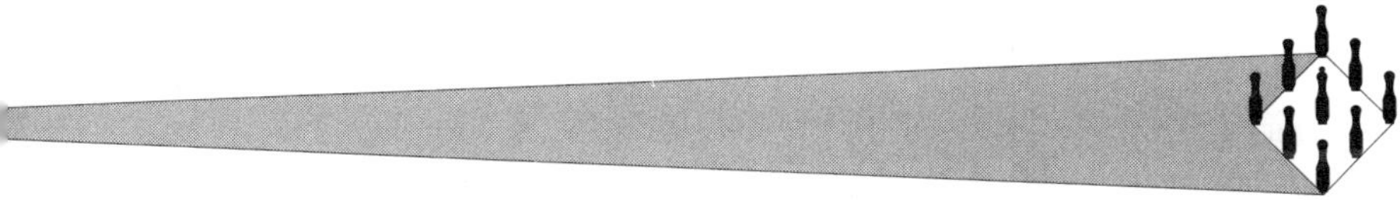

5.

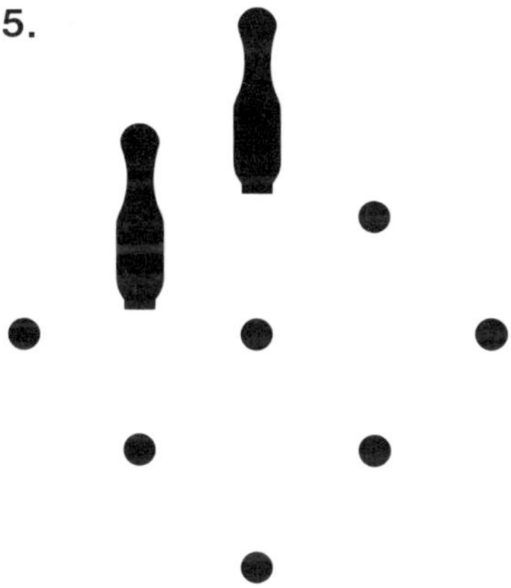

6.

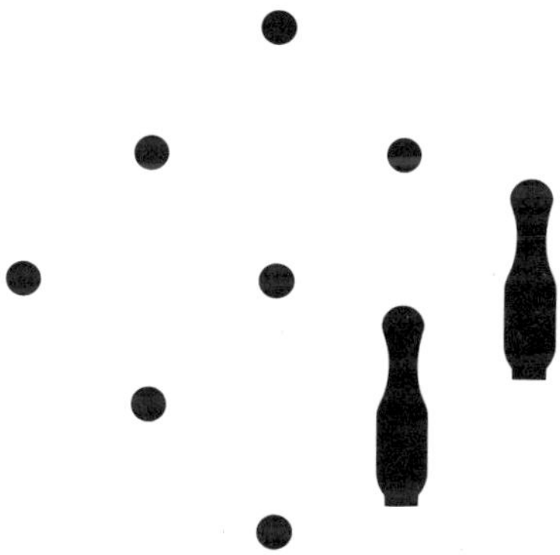

Kleines Kegellexikon

Abräumen
Es wird so oft gekegelt, bis alle aufgestellten Holz gefallen sind.

Acht ums Vordereck
Beim Schub in die Vollen bleibt nur das Vorderholz stehen. Seltener Wurf.

Anker, linker
Bild aus den Kegeln 1, 2, 4 und 8. Durch entsprechendes Anschneiden des Vorderholzes kann das Bild mit einem Wurf abgeräumt werden (siehe Abbildung).

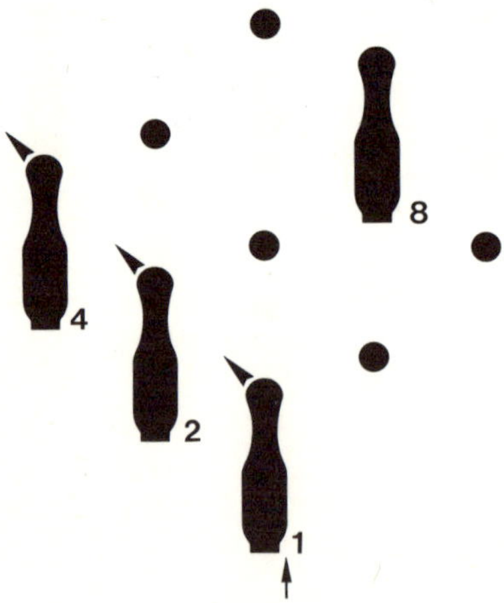

Anker, rechter
Bild aus den Kegeln 1, 3, 6 und 7. Durch Anschneiden des Vorderholzes kann das Bild mit einem Wurf abgeräumt werden (siehe Abbildung).

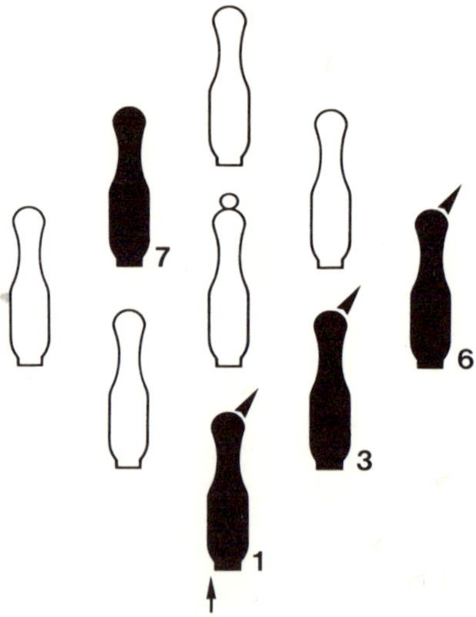

Anschneiden
Die Wurfmethode, einen Kegel so an einer vorausberechneten Stelle zu treffen, daß dieser in eine beabsichtigte Richtung geschleudert wird.

Bärbel
Bild der drei mittleren Kegel 1, 5 und 9, die aus den Vollen herausgeworfen werden müssen (siehe Abbildung).

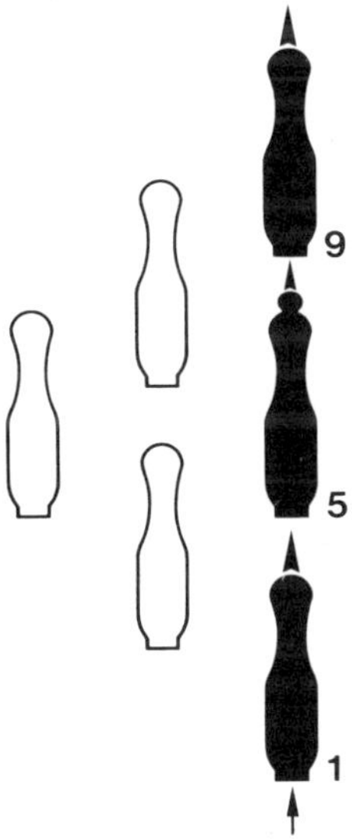

Bild
Eine aufgestellte oder stehengebliebene Kegelformation.

Bild, volles
Es stehen alle neun Holz.

Durchgang
Angabe, wie oft das gleiche Kegelspiel durchgeführt werden soll, oder in wieviel Phasen eine aus mehreren Teilen bestehende Kegelaufgabe gelöst werden soll.

Einzelspiel
Jeder kegelt gegen jeden.

Gasse
Räumliche Mitte zwischen Vorderholz und rechter beziehungsweise linker Vorderdame.

Hamburg
Bild der drei mittleren Kegel 4, 5 und 6. Mit etwas Geschick kann das Bild durch Anschneiden der Bauern mit zwei Würfen abgeräumt werden (siehe Abbildung).

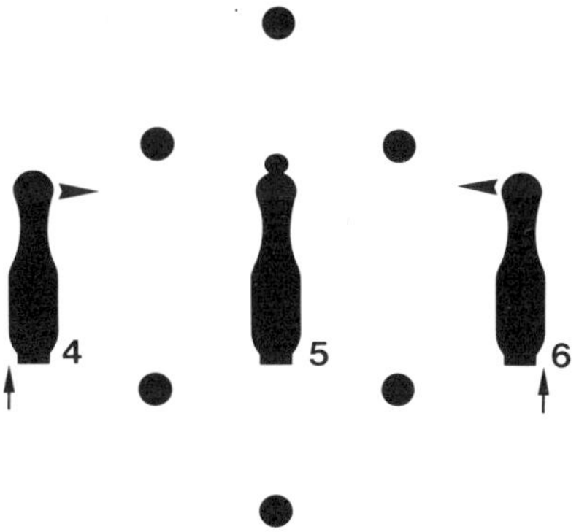

Kegelpartie
Eine Kegelaufgabe, bei der auf verschiedene Bilder geworfen werden muß.

Keil, großer
Bild aus den Kegeln 1, 2, 3, 4 und 6. Mit etwas Geschick kann mit einem Wurf abgeräumt werden (siehe Abbildung).

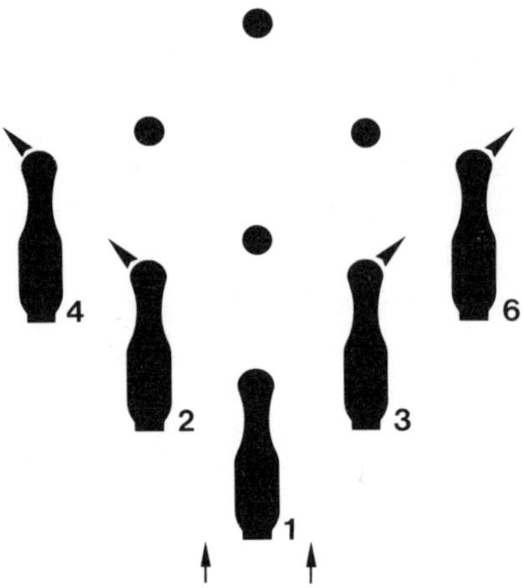

Keil, kleiner
Bild aus Vorderholz und den beiden vorderen Damen. Durch entsprechendes Anschneiden kann mit einem Wurf abgeräumt werden (siehe Abbildung).

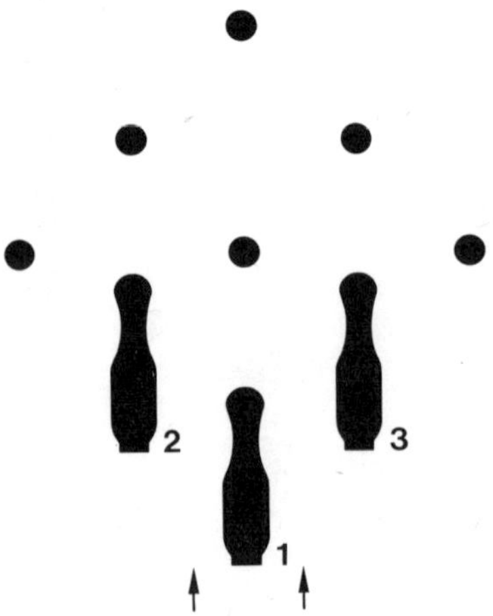

Kranz
Von den neun Kegeln bleibt nur noch der König stehen (siehe Abbildung).

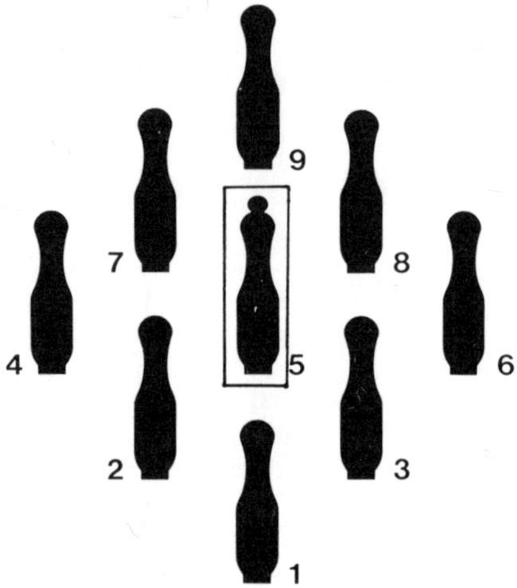

Kranz Hand
(auch: *Naturkranz*)
Mit *einem* Wurf sind aus einem vollen Bild alle Kegel – mit Ausnahme des Königs – gefallen.

Leerwurf
Kegelwurf, der zwar auf der Bahn bleibt, aber kein Holz abräumt.

Leuchttürme
Kegelgruppe (Bild), die aus den beiden Eckkegeln rechts und links besteht. Durch Anschneiden kann mit etwas Glück durch einen Wurf abgeräumt werden (siehe Abbildung).

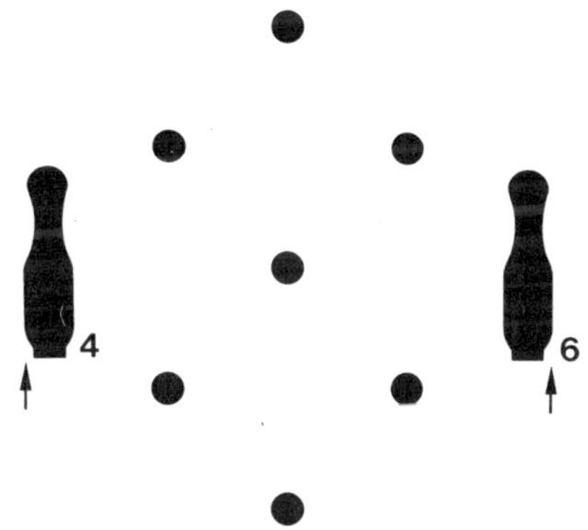

Lübeck
Kegelformation (Bild), die aus den vier Eckkegeln besteht. Durch Anschneiden von 1 und 4 kann mit zwei Würfen abgeräumt werden (siehe Abbildung).

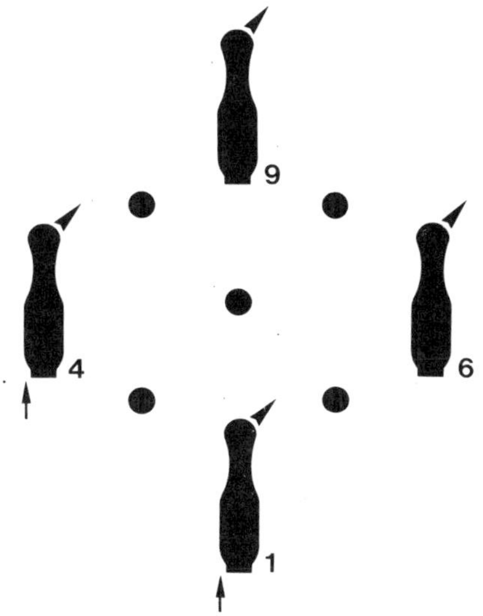

Mannschaftsspiel
Zwei Clubhälften oder Mannschaften spielen gegeneinander.

Partnerspiel
Paare spielen gegeneinander.

Pumpe
Abgleiten der Kugel von der Bahn.

Schere
Die Stelle, an der sich die Kegelbahn zunehmend verbreitert.

Schuster, großer (Bock)
Bild aus Vorderholz und linkem und rechtem Bauern. Durch Anschneiden von 1 können im 1. Wurf zwei Kegel abgeräumt werden (siehe Abbildung).

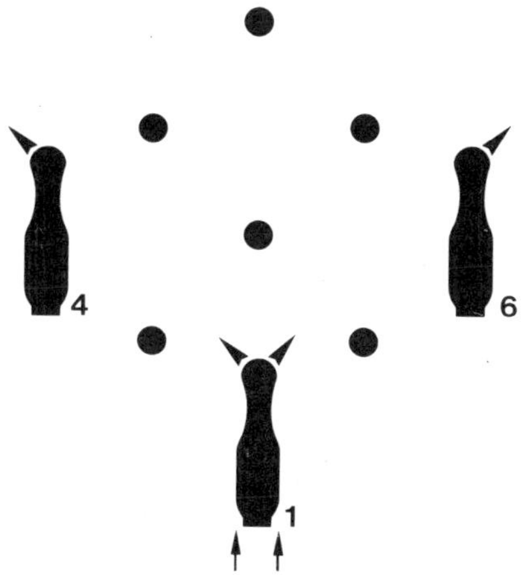

Schuster, kleiner (Kitz)
Bild aus Vorderholz und den beiden hinteren Damen. Durch Anschneiden von 7 und 8 läßt sich das Bild mit zwei Würfen abräumen (siehe Abbildung).

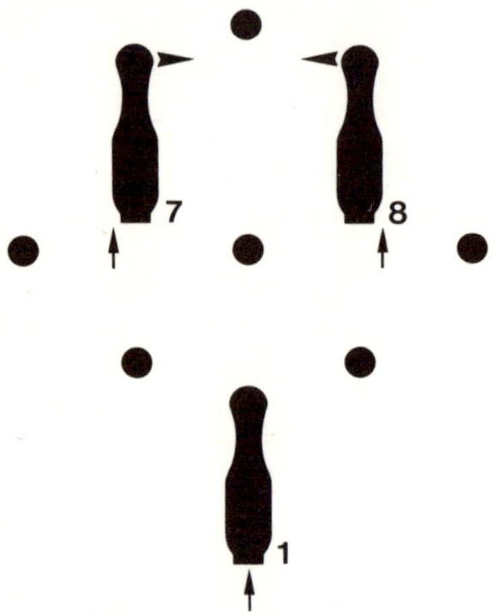

Vollen, in die
Es wird immer auf alle neun Kegel geworfen.

Wurf
Die Kugel über die Bahn gleiten oder rollen lassen.